Maya Farrell

Anatomia Energética Humana
Os 22 Chakras

Título Original: Human Energetic Anatomy – The 22 Chakras

Copyright © 2025, publicado por Luiz Antonio dos Santos ME. Este livro é uma obra de não-ficção que explora a anatomia sutil do corpo humano, com foco nos 22 chakras e seu papel na saúde integral e na evolução espiritual. Por meio de descrições detalhadas e técnicas práticas, o autor oferece um guia abrangente para o autoconhecimento e o equilíbrio energético.

1ª Edição
Equipe de Produção
Autor: **Maya Farrell**
Editor: **Luiz Santos**
Capa: Studios Booklas / **Clara Delmar**
Consultor: **Marco Tedesco**
Pesquisadores: **Renata Villar, Carlos Menen e Laura Pires**
Diagramação: **Gustavo Minori**

Publicação e Identificação
Anatomia Energética Humana – Os 22 Chakras
Booklas, 2025
Categorias: Espiritualidade / Terapias Holísticas
DDC: 131.3 – Sistemas Energéticos Humanos
CDU: 133.3 – Chakras e Energia Sutil
Todos os direitos reservados a:
Luiz Antonio dos Santos ME / Booklas

Nenhuma parte deste livro pode ser reproduzida, armazenada num sistema de recuperação ou transmitida por qualquer meio — eletrônico, mecânico, fotocópia, gravação ou outro — sem a autorização prévia e expressa do detentor dos direitos de autorais.

Sumário

Indice Sistemático 5
Prólogo 10
Capítulo 1 O Sistema Energético Humano 13
Capítulo 2 Funções dos Chakras 20
Capítulo 3 Sinais de Bloqueio 27
Capítulo 4 Chakra Raiz (Muladhara) 34
Capítulo 5 Chakra Sacro (Swadhisthana) 40
Capítulo 6 Chakra do Plexo Solar (Manipura) 46
Capítulo 7 Chakra Cardíaco (Anahata) 53
Capítulo 8 Chakra Laríngeo (Vishuddha) 60
Capítulo 9 Chakra do Terceiro Olho (Ajna) 66
Capítulo 10 Chakra Coronário (Sahasrara) 73
Capítulo 11 Chakra da Alma (8º Chakra) 79
Capítulo 12 Chakra do Portal Estelar (9º Chakra) 85
Capítulo 13 Chakra da Consciência Universal (10º Chakra) 92
Capítulo 14 Chakra da Visão Divina (11º Chakra) 99
Capítulo 15 Chakra da Harmonia Cósmica (12º Chakra) 106
Capítulo 16 Chakra da Mente Superior (13º Chakra) 113
Capítulo 17 Chakra da Expressão Divina (14º Chakra) 120
Capítulo 18 Chakra do Equilíbrio Multidimensional (15º Chakra) 127
Capítulo 19 Chakra da Iluminação (16º Chakra) 134
Capítulo 20 Chakra da Sabedoria Estelar (17º Chakra) 141
Capítulo 21 Chakra da Matriz Divina (18º Chakra) 148

Capítulo 22 Chakra do Vazio Sagrado (19º Chakra) 155
Capítulo 23 Chakra da Unidade Cósmica (20º Chakra).......... 161
Capítulo 24 Chakra da Fonte Suprema (21º Chakra).............. 168
Capítulo 25 Chakra do Portal da Ascensão (22º Chakra) 175
Capítulo 26 A Jornada da Consciência Integrada 182
Epílogo 187

Indice Sistemático

Capítulo 1: O Sistema Energético Humano - Apresenta o conceito de campo energético humano e a função dos chakras como portais de energia, detalhando os sete chakras tradicionais e a expansão para um sistema de 22 chakras.

Capítulo 2: Funções dos Chakras - Explora as funções específicas de cada chakra, desde os sete tradicionais até os chakras superiores, e como seus bloqueios afetam a saúde física, emocional, mental e espiritual.

Capítulo 3: Sinais de Bloqueio - Descreve os sinais e sintomas que indicam bloqueios em cada um dos 22 chakras, detalhando suas manifestações físicas, emocionais, mentais e espirituais.

Capítulo 4: Chakra Raiz (Muladhara) - Aborda a função do chakra raiz como base da segurança, estabilidade e conexão com a Terra, e como seu equilíbrio afeta a saúde física, emocional e mental.

Capítulo 5: Chakra Sacro (Swadhisthana) - Explora o chakra sacro como centro da criatividade, sexualidade e emoções, e como seu equilíbrio impacta a expressão criativa, a saúde emocional e os relacionamentos.

Capítulo 6: Chakra do Plexo Solar (Manipura) - Detalha o chakra do plexo solar como centro do poder pessoal, autoconfiança e ação no mundo, e como seu equilíbrio afeta a autoestima, a força de vontade e a capacidade de tomar decisões.

Capítulo 7: Chakra Cardíaco (Anahata) - Apresenta o chakra cardíaco como centro do amor, compaixão e conexão humana, e como seu equilíbrio impacta os relacionamentos, a saúde emocional e a capacidade de amar a si mesmo e aos outros.

Capítulo 8: Chakra Laríngeo (Vishuddha) - Explora o chakra laríngeo como canal de expressão, comunicação e verdade interior, e como seu equilíbrio afeta a comunicação verbal, a expressão criativa e a saúde da garganta.

Capítulo 9: Chakra do Terceiro Olho (Ajna) - Detalha o chakra do terceiro olho como centro da intuição, visão interior e percepção sutil, e como seu equilíbrio impacta a clareza mental, a intuição e a conexão com planos superiores.

Capítulo 10: Chakra Coronário (Sahasrara) - Aborda o chakra coronário como portal de conexão com a consciência universal e a espiritualidade, e como seu equilíbrio afeta a paz interior, a conexão com o divino e a saúde mental.

Capítulo 11: Chakra da Alma (8º Chakra) - Apresenta o chakra da alma como ponte entre a personalidade e o Eu Superior, e como seu equilíbrio afeta o propósito de vida, a conexão com a alma e a saúde energética.

Capítulo 12: Chakra do Portal Estelar (9º Chakra) - Explora o chakra do portal estelar como ponto de acesso à sabedoria cósmica e às dimensões superiores, e como seu equilíbrio afeta a conexão com guias espirituais, a saúde energética e a compreensão da jornada da alma.

Capítulo 13: Chakra da Consciência Universal (10º Chakra) - Detalha o chakra da consciência universal como portal para a percepção da interconexão entre todos os seres, e como seu equilíbrio afeta a compaixão, a saúde mental e a compreensão da unidade cósmica.

Capítulo 14: Chakra da Visão Divina (11º Chakra) - Aborda o chakra da visão divina como centro de acesso à mente superior e à visão da alma, e como seu equilíbrio afeta a clareza mental, a intuição e a compreensão do plano divino.

Capítulo 15: Chakra da Harmonia Cósmica (12º Chakra) - Explora o chakra da harmonia cósmica como centro de sincronização com os ritmos e fluxos energéticos do universo, e como seu equilíbrio afeta a saúde física, emocional e mental, e a conexão com os ciclos naturais.

Capítulo 16: Chakra da Mente Superior (13º Chakra) - Detalha o chakra da mente superior como ponte entre a mente concreta e a mente divina, e como seu equilíbrio afeta a clareza mental, a intuição e a capacidade de receber insights espirituais.

Capítulo 17: Chakra da Expressão Divina (14º Chakra) - Apresenta o chakra da expressão divina como portal para a manifestação consciente e cocriação da realidade, e como seu equilíbrio afeta a comunicação, a saúde energética e a capacidade de cocriar com a Fonte.

Capítulo 18: Chakra do Equilíbrio Multidimensional (15° Chakra) - Explora o chakra do equilíbrio multidimensional como centro de harmonização dos diferentes corpos sutis e realidades multidimensionais, e como seu equilíbrio afeta a saúde energética, a estabilidade emocional e a integração da consciência.

Capítulo 19: Chakra da Iluminação (16° Chakra) - Detalha o chakra da iluminação como portal para a fusão com a consciência crística e a ativação do corpo de luz, e como seu equilíbrio afeta a saúde energética, a paz interior e a capacidade de manifestar a luz divina no plano físico.

Capítulo 20: Chakra da Sabedoria Estelar (17° Chakra) - Aborda o chakra da sabedoria estelar como centro de acesso à memória cósmica e à sabedoria de outras dimensões, e como seu equilíbrio afeta a intuição, a saúde mental e a compreensão da jornada multidimensional da alma.

Capítulo 21: Chakra da Matriz Divina (18° Chakra) - Explora o chakra da matriz divina como portal para a matriz original da alma e a reprogramação espiritual, e como seu equilíbrio afeta a saúde energética, a cura profunda e a cocriação consciente da realidade.

Capítulo 22: Chakra do Vazio Sagrado (19° Chakra) - Detalha o chakra do vazio sagrado como portal para o estado primordial de puro potencial e a dissolução da mente dual, e como seu equilíbrio afeta a saúde energética, a paz interior e a conexão com a Fonte.

Capítulo 23: Chakra da Unidade Cósmica (20° Chakra) - Apresenta o chakra da unidade cósmica como portal para a fusão com a consciência cósmica unificada, e como seu equilíbrio afeta o amor incondicional, a compaixão e a saúde energética.

Capítulo 24: Chakra da Fonte Suprema (21° Chakra) - Explora o chakra da fonte suprema como portal de fusão final com a Fonte e a experiência da unidade absoluta, e como seu equilíbrio afeta a saúde energética, a paz interior e a capacidade de manifestar a luz divina no plano físico.

Capítulo 25: Chakra do Portal da Ascensão (22° Chakra) - Detalha o chakra do portal da ascensão como ápice da jornada de integração e despertar, e como seu equilíbrio afeta a saúde física, emocional e mental, e a capacidade de viver como uma presença ascensionada.

Capítulo 26: A Jornada da Consciência Integrada - Revisa a jornada pelos 22 chakras, enfatizando a importância da escuta interior, da integração dos aprendizados e da cocriação da nova consciência planetária.

Prólogo

O sistema energético humano, tantas vezes reduzido a um conceito ou a uma metáfora, ganha aqui contornos palpáveis. Não como crença ou teoria vaga, mas como uma verdade esquecida, guardada sob as camadas de condicionamento e materialismo que foram pouco a pouco sufocando a percepção original da alma humana. A leitura que aguarda você é um convite irresistível para revisitar o próprio templo interior e lembrar-se do que sempre esteve presente — mesmo que silenciado.

Ao longo destas páginas, você descobrirá que seu corpo é apenas uma partícula de uma arquitetura muito mais ampla. Seus sentimentos, pensamentos e intuições não surgem do nada — eles fluem através de uma rede invisível de centros e portais de energia, que pulsaram em você antes mesmo de seu nascimento e que continuarão ecoando muito além desta vida. Não estamos diante de uma simples exploração dos chakras tradicionais. O que você encontrará aqui é a cartografia de um corpo sutil expandido, composto por 22 centros energéticos — cada um revelando camadas de propósito, de conexão e de saber ancestral.

Este livro é um mapa e um espelho. Cada palavra, cada técnica apresentada, ressoará como um chamado íntimo e intransferível. Ao percorrer esses ensinamentos, você não apenas conhecerá a anatomia energética, mas sentirá cada chakra responder dentro de você, ativando memórias de outros tempos e despertando potenciais adormecidos. Sua biografia energética, escrita ao longo de encarnações e encontros cósmicos, começará a sussurrar suas verdades mais antigas.

Permita-se sentir. Permita-se lembrar. Cada exercício, cada visualização, cada ensinamento aqui presente não é uma sugestão externa — é uma senha vibratória para acessar camadas de si mesmo que você talvez tenha esquecido, mas que ainda vibram silenciosamente dentro do seu campo. Esta obra é uma chave de ressonância, um espelho cósmico e uma trilha de reconexão.

A mente tentará entender. O coração sentirá. Mas será o campo sutil, esse organismo de luz que pulsa entre o corpo físico e a alma imortal, que reconhecerá imediatamente cada conceito como algo já sabido, já vivido — mas temporariamente oculto pela poeira do tempo.

As páginas que seguem não apenas explicam; elas convocam. Convocam você a sair da visão fragmentada da saúde, da espiritualidade e da própria existência. Convocam você a perceber que cada dor, cada medo e cada desejo que habita seu corpo é, na verdade, a voz de um chakra pedindo escuta. Convocam você a abandonar a ilusão de separação entre energia e matéria, entre emoção e destino, entre espírito e carne.

Você não é apenas alguém lendo um livro. Você é um sistema vivo de frequências ancestrais e estelares. É uma peça ativa na consciência planetária. E à medida que você decodifica o que está aqui, algo em seu campo também se alinha. Cada novo conceito é uma onda de reconhecimento. Cada prática sugerida é uma senha para que sua própria energia recorde como fluir sem resistência.

Esta obra não será lida apenas pelos seus olhos. Será lida por cada célula do seu corpo energético. Cada palavra tocada despertará camadas adormecidas da sua percepção, como um antigo códice finalmente decifrado.

Se você chegou até aqui, não foi por acaso. Sua própria energia reconheceu este chamado. As camadas visíveis da sua mente podem acreditar que buscam conhecimento, mas as camadas ocultas da sua alma sabem: este é um reencontro. Este livro é o eco de uma promessa antiga, feita muito antes de você nascer — a promessa de lembrar.

Leia. Absorva. Permita-se sentir o que ecoa entre as palavras. As camadas invisíveis da sua consciência — aquelas que sussurram nos sonhos e nas intuições — já estão despertas. Seu campo já começou a responder. O chamado foi ouvido. A jornada de retorno ao seu próprio sistema energético acaba de começar.

Luiz Santos
Editor.

Capítulo 1
O Sistema Energético Humano

Desde de o início dos tempos, tradições espirituais e esotéricas descreveram o ser humano como algo muito além de um corpo físico. Em torno da estrutura biológica existe um campo energético dinâmico que se estende para além da pele e penetra todas as camadas sutis da existência. Esse campo é sustentado por centros energéticos conhecidos como chakras, pontos de conexão entre o corpo físico, as emoções, os pensamentos e a alma. Originalmente, o sistema de sete chakras localizados ao longo da coluna vertebral foi descrito por textos védicos como a espinha dorsal energética da vida humana. Com o avanço da percepção espiritual e a crescente sensibilidade a dimensões mais sutis, novas camadas desse sistema foram reveladas, expandindo o mapa energético humano para vinte e dois chakras, cada um com funções específicas relacionadas ao processo de evolução espiritual.

Compreender esse sistema ampliado é essencial para aqueles que desejam harmonizar suas energias de forma completa e alcançar estados de equilíbrio que vão além do bem-estar físico e emocional. Cada chakra funciona como uma espécie de portal ou lente que filtra e processa energias de diferentes frequências. Nos sete chakras tradicionais, o foco está em equilibrar corpo, mente e emoções no nível pessoal. À medida que se acessam os chakras superiores, essas funções se expandem para incluir a conexão com a alma, com a mente divina e com a consciência cósmica. É por meio desses portais energéticos que a alma encarnada recebe impressões da sua essência superior e traduz essas orientações em intuições, impulsos criativos e sensações de propósito. Um sistema de chakras saudável garante que esse fluxo de informação espiritual ocorra sem distorções, permitindo que o ser humano viva alinhado com seu propósito maior.

Para quem deseja trabalhar com energias, tanto para autocuidado quanto para atuar em terapias energéticas, conhecer a função de cada chakra e suas inter-relações é fundamental. Nenhum chakra funciona isoladamente. Eles operam em rede, sustentados por canais energéticos que atravessam o corpo verticalmente e horizontalmente. Esses canais, chamados de nádis ou meridianos em diferentes tradições, transportam a força vital, ou prana, ligando cada centro ao fluxo geral da energia vital. Quando um chakra está enfraquecido, ele compromete o fluxo de energia nos canais próximos e sobrecarrega os chakras vizinhos. Essa rede de interdependência explica por que uma pessoa com dificuldades em se expressar, por exemplo, pode desenvolver bloqueios no chakra laríngeo, que gradualmente afetam o coração e o plexo solar, provocando desde dores físicas até desânimo e sensação de desconexão.

O sistema de 22 chakras amplia essa visão e introduz camadas adicionais de conexão, ancorando o ser humano não apenas à própria biografia pessoal e aos seus aprendizados de vida, mas também ao campo planetário, à memória da alma e às redes de consciência estelar e divina. Os sete chakras tradicionais continuam sendo a base. Eles ancoram o espírito na matéria e regulam funções básicas como sobrevivência, sexualidade, poder pessoal, emoções, comunicação, intuição e conexão espiritual direta. Acima do sétimo chakra, localizado no topo da cabeça, começam a emergir centros que lidam com aspectos transcendentes. O oitavo chakra, chamado de chakra da alma, é a primeira ponte entre a personalidade e o Eu Superior. Acima dele, portais sucessivos expandem a percepção até alcançar o chakra da fonte, onde a identidade pessoal se dissolve e a consciência se funde à unidade divina.

Embora o conceito de chakras superiores possa parecer distante da realidade prática, o realinhamento e fortalecimento desse sistema completo começam no nível mais simples. A chave para acessar os centros superiores está no equilíbrio e fortalecimento dos centros básicos. Quando os chakras da base, sacro, plexo solar, cardíaco, laríngeo, frontal e coronário funcionam em harmonia, eles criam uma espécie de espiral ascendente, permitindo que a energia suba naturalmente e ative os centros superiores. Esse é um processo orgânico que pode ser facilitado por práticas específicas. Para ensinar e aplicar essas técnicas em si mesmo ou em terceiros, é importante começar pelo básico: perceber e sentir cada chakra. O primeiro exercício essencial é desenvolver a consciência da presença dos chakras e do fluxo de energia entre eles. Fechar os olhos e, com a respiração tranquila, direcionar a atenção para cada ponto energético, começando na base da coluna e subindo lentamente até o topo da cabeça, já inicia o processo de despertar.

Ao praticar esse escaneamento energético regularmente, a sensibilidade aumenta e o terapeuta ou praticante passa a perceber onde há bloqueios, áreas congestionadas ou pontos de estagnação. Essa percepção pode se manifestar como formigamento, calor, frio, pressão ou mesmo imagens e cores internas. Para quem deseja atuar em terceiros, a sensibilidade tátil e intuitiva desenvolve-se da mesma forma, com prática e observação atenta. Colocar as mãos a alguns centímetros do corpo da pessoa e perceber pequenas variações de temperatura ou densidade energética ajuda a identificar áreas que precisam de atenção.

Após o reconhecimento inicial, o fortalecimento e alinhamento dos chakras pode ser conduzido por meio de técnicas simples e eficazes que qualquer pessoa, mesmo sem formação prévia, pode aplicar em si ou nos outros. Uma técnica básica consiste em visualizar cada chakra como uma esfera luminosa em sua cor correspondente, respirando profundamente e imaginando essa luz se expandindo e girando livremente. O movimento giratório é crucial porque representa a dinâmica natural de cada centro. Chakras em equilíbrio giram em velocidade constante e fluida, enquanto chakras bloqueados ou hiperativos apresentam giros desordenados, acelerados ou travados. Visualizar a esfera girando de forma harmônica é uma maneira de reprogramar energeticamente o chakra.

A imposição de mãos é outra técnica acessível e poderosa. Com as palmas voltadas para o chakra-alvo, seja em si mesmo ou em outra pessoa, é possível transferir energia vital através da intenção. Para potencializar o efeito, o praticante pode imaginar que uma luz branca ou dourada flui de suas mãos, preenchendo o chakra com vitalidade e removendo impurezas. Esse processo de limpeza e recarga é fundamental para estabilizar o campo energético e preparar o corpo para experiências espirituais mais elevadas.

Além da visualização e da imposição de mãos, o uso de sons e vibrações amplifica o realinhamento. Cada chakra responde a uma frequência específica. Emitir sons vocálicos, como o som "OM" para o chakra coronário ou o "LAM" para o chakra raiz, ajuda a ressonância do centro energético retornar ao seu estado natural. Pode-se usar a própria voz ou reproduzir gravações com frequências específicas, desde que a intenção esteja focada no alinhamento do chakra.

Para finalizar um alinhamento básico, recomenda-se sempre ancorar a energia no chakra raiz e no chakra estrela da terra, localizado logo abaixo dos pés. Isso garante que a energia mobilizada durante o processo não fique dispersa ou crie sensações de desconexão e tontura. Visualizar raízes de luz descendo dos pés até o centro da Terra, ancorando a energia em segurança, conclui o processo e cria uma base sólida para o trabalho com chakras superiores.

Ao compreender e vivenciar esse sistema energético ampliado, o praticante percebe que o alinhamento dos chakras vai muito além da manutenção da saúde física ou do equilíbrio emocional. Cada ajuste, cada desbloqueio ou fortalecimento cria um reflexo imediato na forma como a pessoa percebe a si mesma, aos outros e ao próprio papel no fluxo da vida. As fronteiras entre o eu interno e o mundo externo tornam-se mais sutis, e a energia pessoal passa a dialogar com os campos mais amplos da Terra e do cosmos, revelando que cada ser humano é um ponto de conexão entre a matéria e o espírito, entre o tempo presente e a memória ancestral da alma.

Essa expansão de consciência, guiada pela integração gradual dos chakras superiores, é também um convite constante ao autoconhecimento. Os desafios encontrados ao longo do caminho — sejam eles resistências internas, dores emocionais ou bloqueios físicos — tornam-se portais de aprendizado e reconexão. A prática regular e atenta transforma esses obstáculos em degraus de uma escada sutil que leva da percepção densa e concreta do corpo físico até os níveis mais refinados da consciência cósmica, onde a separação entre o eu e o todo se dissolve, dando espaço à presença de um silêncio pleno e inteligente.

Com o tempo, o trabalho energético contínuo ensina que não existe separação entre espiritualidade e vida cotidiana, entre energia e matéria, entre alma e corpo. Cada gesto, pensamento e intenção reverbera no campo energético pessoal, moldando a qualidade da própria existência. Cuidar dos chakras, portanto, não é apenas uma prática de harmonização, mas uma escolha consciente de estar presente na própria jornada, com os pés enraizados na terra e a consciência voltada para o infinito, permitindo que o fluxo da vida se expresse através de cada célula, de cada emoção e de cada sopro de inspiração que guia a alma em seu retorno à origem.

Capítulo 2
Funções dos Chakras

Todo chakra é um centro de recepção, processamento e emissão de energia. Esses pontos de luz, que giram continuamente como pequenas rodas vibratórias, regulam o fluxo de energia vital entre os corpos físico, emocional, mental e espiritual. Cada chakra possui uma função específica e juntos formam uma rede integrada, responsável por manter o equilíbrio e a harmonia entre o mundo interno e as influências externas. Nos sete chakras tradicionais, o foco é organizar e harmonizar a experiência da alma encarnada dentro da realidade tridimensional. Nos quinze chakras superiores, a função se expande para integrar a consciência individual ao propósito da alma, à memória cósmica e à consciência divina universal. Quando essa rede funciona de forma saudável, a energia circula livremente, promovendo saúde física, estabilidade emocional, clareza mental e conexão espiritual. Quando há bloqueios ou distorções, surgem sintomas em diferentes níveis e a pessoa se desconecta de si mesma, do seu propósito e da fonte de energia superior.

Os chakras do primeiro ao sétimo atuam diretamente no funcionamento do corpo físico. Eles regulam processos biológicos essenciais, como metabolismo, digestão, sistema imunológico, reprodução e funções cerebrais. Cada chakra está associado a uma glândula endócrina específica, influenciando diretamente a produção hormonal e o equilíbrio bioquímico do corpo. No nível emocional, esses chakras processam e armazenam memórias, traumas e condicionamentos, servindo como filtros que determinam como a pessoa interpreta e reage aos estímulos externos. No nível mental, os chakras influenciam padrões de pensamento, crenças e percepções. Um chakra do plexo solar equilibrado, por exemplo, facilita a construção de uma autoimagem positiva e fortalece a capacidade de tomar decisões com confiança. Um chakra cardíaco em harmonia permite que a pessoa cultive relacionamentos saudáveis, baseados em amor, respeito e empatia. No nível espiritual, esses mesmos chakras servem de pontos de ancoragem da alma no corpo físico, facilitando a manifestação do propósito da alma através das ações e escolhas diárias.

    Os chakras da quarta e quinta dimensões ampliam essa dinâmica para além da individualidade, conectando a pessoa à sua linhagem espiritual, aos registros de suas múltiplas encarnações e à consciência coletiva da humanidade e do cosmos. O oitavo chakra, por exemplo, atua como o repositório das lições aprendidas pela alma ao longo de todas as suas jornadas, armazenando informações que ultrapassam a memória consciente. À medida que esse chakra é ativado, o indivíduo começa a acessar intuições e conhecimentos que parecem surgir do nada, mas que na verdade são frutos de sua própria experiência acumulada em outros tempos e dimensões. Os chakras superiores funcionam também como portais que permitem o fluxo de energias e orientações de esferas elevadas da consciência. São eles que estabelecem a ponte entre o eu terreno e as hierarquias espirituais, permitindo que guias, mestres e seres de luz transmitam instruções, inspirações e proteção diretamente ao campo energético da pessoa.

Por serem pontos de conexão entre diferentes camadas da existência, os chakras funcionam como tradutores de frequências. Energias mais sutis, provenientes da alma e das dimensões superiores, precisam ser desaceleradas e adaptadas para que possam ser compreendidas e assimiladas pela mente consciente. Esse processo de tradução é uma das funções essenciais dos chakras, especialmente dos superiores, que filtram e organizam as impressões espirituais para que se tornem compreensíveis. Da mesma forma, emoções densas, pensamentos negativos e tensões físicas precisam ser refinados e elevados para que possam ser liberados sem causar danos ao sistema energético. Essa troca constante entre os diferentes níveis da consciência é o que garante a evolução e a cura contínua do ser.

No entanto, quando os chakras estão desalinhados ou bloqueados, esse processo de troca e tradução é interrompido. A energia vital não circula livremente, provocando congestionamentos ou vazios energéticos. Em termos físicos, esse bloqueio pode se manifestar como cansaço persistente, dores crônicas, problemas hormonais ou imunológicos. No plano emocional, surgem estados de ansiedade, medo, raiva ou tristeza sem causa aparente. No nível mental, pensamentos obsessivos, autocrítica excessiva e dificuldade de concentração podem indicar que algum chakra está desalinhado. Espiritualmente, o desconforto se manifesta como uma sensação de vazio existencial, desconexão da intuição e ausência de sentido na vida. Esses sintomas não são meras coincidências ou ocorrências isoladas. Eles são a expressão direta do estado do sistema de chakras, que reflete e influencia todos os aspectos da experiência humana.

Para harmonizar esse sistema e restaurar o fluxo natural de energia, é fundamental compreender que os chakras não operam isoladamente. Cada um deles funciona como uma engrenagem dentro de uma grande rede interligada. Um bloqueio no chakra sacro, por exemplo, pode afetar diretamente o plexo solar e o cardíaco, comprometendo a autoestima e a capacidade de amar. Um desequilíbrio no chakra laríngeo pode limitar a expressão da verdade interior, afetando o terceiro olho e o acesso à intuição. Por isso, qualquer prática de harmonização precisa envolver não apenas o chakra em questão, mas todo o sistema, garantindo que a energia flua de forma contínua e integrada.

Uma prática simples para identificar quais chakras estão desalinhados é o escaneamento corporal energético. Para realizar esse exercício em si ou em outra pessoa, é possível seguir um processo direto e eficaz. Primeiramente, a pessoa deve estar sentada ou deitada em posição confortável, com a respiração profunda e tranquila. O praticante ou terapeuta deve posicionar as mãos a poucos centímetros do corpo, iniciando na região do chakra raiz e subindo lentamente até o chakra coronário. Durante esse processo, é importante observar sensações sutis de calor, frio, pressão ou resistência. Esses sinais indicam a qualidade da energia em cada chakra. Áreas onde há calor excessivo podem sugerir hiperatividade, enquanto regiões frias ou opacas podem indicar bloqueios ou estagnação. Com a prática, essa sensibilidade se refina e o terapeuta passa a captar imagens, cores ou impressões intuitivas associadas a cada centro energético.

Após identificar os pontos de desequilíbrio, o processo de realinhamento pode ser iniciado de forma simples, utilizando respiração consciente, visualização criativa e imposição de mãos. Ao concentrar a atenção em cada chakra, é possível visualizar uma esfera de luz correspondente à cor daquele centro, girando suavemente e expandindo-se a cada respiração. Se houver resistência ou sensação de bloqueio, pode-se imaginar uma corrente de luz branca ou dourada fluindo através do chakra, dissolvendo as tensões e restaurando o movimento harmônico. Essa técnica, aplicada com paciência e consistência, fortalece cada centro energético e promove o equilíbrio de todo o sistema.

Para potencializar o processo, é possível associar cristais específicos, como ametista para o terceiro olho ou quartzo rosa para o cardíaco, posicionando-os diretamente sobre cada chakra durante a prática. O uso de sons e mantras também amplifica o efeito. Entoar o som correspondente a cada chakra ou tocar gravações com frequências específicas ajuda a reequilibrar a vibração de cada centro. Essa combinação de atenção consciente, visualização, toque energético, som e cristais cria um ambiente favorável para a cura profunda e o fortalecimento do sistema energético como um todo.

Compreender as funções de cada chakra é mergulhar em uma cartografia interna que revela não apenas o estado energético de um indivíduo, mas também suas escolhas, medos, desejos e aprendizados ao longo da vida. Cada centro atua como um espelho que reflete a qualidade da relação entre o ser e o mundo, entre o corpo e a alma, entre o presente e o infinito. Harmonizar os chakras é, portanto, muito mais do que restaurar o fluxo de energia vital; é criar um diálogo constante entre todos os aspectos da existência, permitindo que corpo, mente e espírito se movam em sincronia, como partes de uma mesma dança cósmica.

À medida que esse diálogo se fortalece, o próprio sentido de identidade se expande. O eu não se limita mais às fronteiras do corpo físico ou às narrativas acumuladas pela mente. Ele se reconhece como parte de um campo maior, sustentado por linhas de energia que conectam cada ser à inteligência da Terra e à consciência do universo. Esse reconhecimento sutil, que nasce da prática consistente de observação e cuidado energético, é o que permite ao indivíduo caminhar com maior clareza e propósito, sabendo que cada passo é sustentado por camadas invisíveis de sabedoria ancestral e apoio espiritual.

Ao trabalhar com os chakras, seja em processos de autocura ou no acompanhamento terapêutico de outros, torna-se evidente que todo desequilíbrio carrega em si uma mensagem. Não se trata apenas de remover bloqueios, mas de escutá-los, compreendê-los e integrá-los como partes legítimas da jornada. Cada chakra restaurado é uma porta que se reabre para o fluxo natural da alma, permitindo que ela se expresse de forma livre e autêntica. Nesse movimento de alinhamento, o ser humano deixa de ser um fragmento desconectado e volta a ocupar seu lugar como ponto luminoso na grande teia da existência.

Capítulo 3
Sinais de Bloqueio

O sistema de chakras funciona como uma corrente energética viva e pulsante, em constante adaptação aos estímulos internos e externos. Cada experiência vivida, cada emoção sentida e cada pensamento cultivado gera uma resposta vibracional que afeta diretamente a dinâmica dos chakras. Quando o fluxo energético é harmonioso, cada centro gira livremente e a energia vital circula sem interrupções entre o corpo físico, as emoções, a mente e o espírito. Essa harmonia se reflete em saúde física, estabilidade emocional, clareza mental e conexão espiritual. No entanto, qualquer excesso, carência ou trauma pode criar distorções que interrompem esse fluxo natural, gerando bloqueios, hiperatividades ou colapsos energéticos. O resultado é um campo fragmentado onde cada chakra tenta compensar a falha de outro, sobrecarregando o sistema e gerando sintomas em diferentes níveis.

Os desequilíbrios nos chakras podem surgir de traumas não resolvidos, padrões emocionais recorrentes, crenças limitantes ou mesmo influências externas como ambientes tóxicos e conexões energéticas negativas com pessoas ou situações. Cada chakra possui uma função específica e, quando essa função é comprometida, todo o sistema sofre as consequências. No chakra raiz, por exemplo, o bloqueio energético está frequentemente associado a medos relacionados à sobrevivência, insegurança financeira, instabilidade no lar ou dificuldades de se sentir pertencente ao mundo. Esses bloqueios se refletem no corpo como tensões nas pernas, dores lombares, distúrbios intestinais e sensações de ansiedade difusa. Ao mesmo tempo, o indivíduo tende a sentir dificuldade em tomar decisões práticas, hesitação em assumir responsabilidades e uma constante sensação de ameaça, mesmo em situações seguras.

No chakra sacro, que rege a sexualidade, a criatividade e o fluxo emocional, bloqueios costumam se manifestar como repressão de desejos, medo da intimidade, bloqueios criativos e dificuldade de lidar com as próprias emoções. Fisicamente, esses desequilíbrios podem provocar dores pélvicas, distúrbios hormonais e disfunções sexuais. Em nível emocional, podem surgir vergonha, culpa, medo de rejeição e uma desconexão da própria capacidade criativa. No chakra do plexo solar, centro do poder pessoal e da autovalorização, bloqueios energéticos frequentemente se associam à sensação de impotência diante da vida, dificuldade de impor limites e medo de julgamentos. Esses bloqueios refletem-se no corpo como problemas digestivos, distúrbios metabólicos e tensões na região do estômago. Em nível mental, a pessoa tende a duvidar constantemente de suas escolhas, buscar validação externa e sentir-se incapaz de assumir o próprio protagonismo.

O chakra cardíaco, centro do amor e da conexão, quando bloqueado, manifesta-se como medo de amar e ser amado, apego excessivo ou isolamento emocional. No corpo físico, o coração, os pulmões e o sistema circulatório podem apresentar sinais de sobrecarga. Em nível emocional, podem surgir ressentimento, mágoas persistentes, dificuldades de perdoar e uma sensação crônica de vazio afetivo. O chakra laríngeo, responsável pela expressão da verdade interior, quando comprometido, gera dificuldade de comunicação, medo de expressar opiniões e tendência a engolir emoções. Fisicamente, problemas na garganta, tireoide e cordas vocais podem indicar bloqueios neste centro. Emocionalmente, o indivíduo sente-se invisível, incompreendido ou temeroso de falar o que pensa.

No chakra do terceiro olho, onde a intuição e a visão interior se desenvolvem, bloqueios energéticos frequentemente causam confusão mental, descrença na própria intuição, excesso de racionalização e dificuldade em confiar no fluxo da vida. No corpo físico, podem surgir dores de cabeça, problemas de visão e distúrbios do sono. Espiritualmente, o indivíduo se desconecta de sua sabedoria interna, tornando-se refém de opiniões externas. No chakra coronário, que conecta o ser à espiritualidade maior, o bloqueio pode se manifestar como sensação de vazio existencial, perda de fé e desconexão de qualquer propósito superior. Fisicamente, sintomas como enxaquecas crônicas, insônia e distúrbios neurológicos podem indicar desequilíbrio nesse centro. Em nível espiritual, a pessoa sente-se isolada, sem sentido de pertencimento ao universo e desconectada da própria alma.

Nos chakras superiores, além do sétimo, os bloqueios afetam diretamente a capacidade de acessar e interpretar informações espirituais. Quando o chakra da alma está enfraquecido ou obstruído, o indivíduo perde a conexão com sua missão de vida, sente-se desorientado e sem direção clara. Nos centros superiores, como o portal estelar e o chakra da consciência universal, bloqueios podem impedir o acesso a níveis expandidos de percepção, resultando em uma vida excessivamente materialista e desconectada das dimensões espirituais. Esses bloqueios são comuns em pessoas que, por traumas ou condicionamentos, desenvolveram aversão ou medo de acessar suas próprias capacidades espirituais. No chakra da unidade cósmica e no portal da ascensão, bloqueios energéticos impedem a fusão plena com a consciência divina, limitando o processo de ascensão espiritual e o reconhecimento da unidade com toda a criação.

Identificar e corrigir esses bloqueios exige sensibilidade, prática e uma postura de escuta interna ativa. Para realizar esse diagnóstico em si mesmo ou em terceiros, é possível aplicar uma técnica direta de varredura energética. Com o receptor deitado ou sentado em posição confortável, o terapeuta ou praticante posiciona as mãos a poucos centímetros do corpo, começando pelo chakra raiz e subindo gradualmente até o chakra da coroa. Em seguida, a varredura se expande para os chakras superiores, percebendo sensações de resistência, calor excessivo ou frio intenso em cada ponto. Cada uma dessas sensações é um indicador de excesso, deficiência ou estagnação energética. Nos chakras superiores, a percepção pode ser ainda mais sutil, exigindo atenção a sinais como formigamentos suaves, sensações de expansão ou contração e até imagens ou símbolos que surgem espontaneamente na mente do terapeuta.

Após o diagnóstico inicial, o realinhamento pode ser iniciado utilizando técnicas de limpeza e harmonização que combinam respiração consciente, visualização e imposição de mãos. Para cada chakra identificado como bloqueado, o terapeuta ou praticante pode visualizar uma corrente de luz branca ou dourada descendo pelo canal central de energia, atravessando o chakra correspondente e dissolvendo qualquer energia densa acumulada. Ao mesmo tempo, pode-se visualizar cada chakra como uma esfera luminosa, girando livremente e expandindo-se com cada respiração profunda. Esse fluxo visual e respiratório reprograma o campo energético, restaurando a circulação natural da energia vital e devolvendo a cada chakra sua função original.

Para reforçar o processo, é recomendável o uso de cristais e sons. Posicionar cristais correspondentes diretamente sobre cada chakra potencializa o realinhamento. Sons vocálicos ou mantras específicos podem ser entoados ou reproduzidos para ressoar em cada centro energético. Essa combinação de práticas cria um ambiente favorável para a restauração completa do fluxo energético, permitindo que cada chakra volte a desempenhar sua função de ponte entre o corpo físico e a alma divina. Mais do que uma prática esporádica, a limpeza e o fortalecimento dos chakras devem ser incorporados como parte da rotina de autocuidado energético, prevenindo bloqueios antes que eles se consolidem como doenças físicas ou padrões emocionais repetitivos.

Reconhecer os sinais de bloqueio é apenas o primeiro passo de um processo muito mais profundo de reconexão consigo mesmo. Cada sintoma percebido — seja ele físico, emocional ou espiritual — carrega consigo uma história silenciosa, fragmentos de experiências passadas e escolhas que, em algum momento, interromperam o fluxo natural da energia vital. Ao invés de tratar esses bloqueios como inimigos a serem combatidos, é essencial abordá-los como mensagens preciosas, indicando onde a atenção e o cuidado são necessários. É nesse diálogo interno, entre o que o corpo revela e o que a alma sussurra, que a verdadeira cura começa a se desenhar.

Esse caminho de escuta e cura energética não se resume a técnicas ou práticas isoladas, mas a uma postura contínua de presença e honestidade consigo mesmo. Cada vez que um chakra é percebido como congestionado ou hiperativo, a pergunta que se revela é: "O que em mim ainda não foi olhado com amor?" Esse olhar amoroso, livre de julgamento, é o fio condutor que permite não apenas liberar o excesso ou dissolver o bloqueio, mas compreender suas raízes, suas razões e, principalmente, suas lições. Cuidar dos chakras, portanto, é também recontar a própria história com novas palavras, onde dor e aprendizado coexistem como partes de um mesmo tecido.

Ao longo desse processo, a energia vital vai reencontrando seus caminhos naturais, e o sistema de chakras, antes fragmentado, começa a atuar novamente como uma única sinfonia vibrante. Cada centro recupera sua função original, e a alma pode, enfim, se expressar sem as amarras do medo, da culpa ou da negação. Nessa dança de realinhamento, o ser humano se descobre não apenas como um receptor passivo de energias externas, mas como um criador consciente da própria realidade, capaz de moldar sua existência de acordo com a verdade que pulsa em seu centro mais profundo.

Capítulo 4
Chakra Raiz
(Muladhara)

O chakra raiz é o primeiro ponto de ancoragem energética no corpo humano. Localizado na base da coluna vertebral, entre o períneo e o cóccix, ele funciona como a raiz de uma árvore que se aprofunda na terra, buscando sustentação e nutrição. É esse chakra que conecta a energia vital do ser humano diretamente à energia da Terra, estabelecendo o alicerce para a manifestação da alma no plano físico. Quando esse centro energético está equilibrado, a pessoa sente-se segura, estável e presente, capaz de lidar com os desafios da vida material sem medo ou hesitação. Esse chakra governa os instintos de sobrevivência, a relação com o próprio corpo, a capacidade de garantir o sustento e o sentimento de pertencimento ao mundo.

No plano físico, o chakra raiz está diretamente relacionado à saúde das pernas, pés, ossos, coluna lombar e sistema excretor. No plano emocional, regula a sensação de segurança, a estabilidade emocional e a capacidade de confiar na própria capacidade de sobreviver e prosperar. No plano mental, influencia diretamente as crenças sobre escassez, abundância, merecimento e pertencimento. Espiritualmente, é o ponto de ancoragem da alma no corpo físico, garantindo que a jornada espiritual aconteça dentro da realidade material de forma equilibrada.

Quando o chakra raiz está equilibrado, a pessoa sente-se segura em seu corpo e no mundo. Consegue lidar com desafios financeiros e materiais com clareza e confiança, sentindo-se merecedora de tudo que é necessário para sua realização. Há uma conexão natural com a natureza e um senso profundo de pertencimento à vida. No entanto, quando esse chakra está bloqueado ou enfraquecido, surgem medos primitivos e difusos, sensação de instabilidade, desconfiança constante e uma dificuldade em relaxar e aproveitar a vida. No corpo físico, podem surgir dores nas pernas e na lombar, cansaço crônico, problemas intestinais e disfunções no sistema imunológico. Emoções como medo excessivo, ansiedade, desamparo e sensação de desconexão com a realidade são sinais clássicos de um chakra raiz desequilibrado.

O primeiro passo para harmonizar o chakra raiz é desenvolver a consciência corporal e aprender a sentir a própria energia se conectando com a Terra. Essa percepção pode ser treinada por meio de uma prática simples de ancoramento. Sentado ou em pé, com os pés firmes no chão, feche os olhos e respire profundamente, levando a atenção para a base da coluna vertebral. Visualize uma esfera de luz vermelha pulsante nessa região, expandindo-se a cada respiração. Em seguida, imagine raízes de luz vermelha ou dourada crescendo a partir da base da coluna e descendo através das pernas e dos pés, penetrando profundamente no solo até alcançar o coração da Terra. Com cada expiração, sinta seu peso sendo descarregado através dessas raízes, enquanto a energia da Terra sobe pelas raízes e preenche seu corpo com segurança, estabilidade e nutrição energética. Esse exercício pode ser praticado diariamente e é especialmente útil em momentos de ansiedade, insegurança ou dispersão mental.

Para atuar no chakra raiz de outra pessoa, o terapeuta ou facilitador pode posicionar as mãos a poucos centímetros da região da base da coluna ou diretamente sobre os tornozelos ou pés. O primeiro objetivo é perceber a qualidade da energia nesse centro. Sensações de frio ou vazio indicam deficiência de energia, enquanto calor excessivo ou uma sensação de pressão densa indicam congestionamento ou hiperatividade. Após essa leitura inicial, inicia-se a técnica de realinhamento. O terapeuta visualiza uma luz vermelha brilhante fluindo de suas mãos para o chakra raiz do receptor, dissolvendo bloqueios e revitalizando a energia. A respiração consciente sincronizada entre terapeuta e receptor potencializa o processo. Com cada inspiração, o terapeuta imagina a energia da Terra subindo pelas suas próprias raízes e sendo transferida para o receptor através das mãos. Com cada expiração, visualiza a liberação de tensões e bloqueios descendo pelas raízes do receptor em direção ao solo.

Além da imposição de mãos e da visualização guiada, a aplicação de cristais específicos pode acelerar o processo de harmonização. Pedras como jaspe vermelho, hematita e turmalina negra ressoam naturalmente com a frequência do chakra raiz. Esses cristais podem ser posicionados diretamente sobre a base da coluna, entre as coxas ou ao redor dos pés durante a sessão. Ao trabalhar com cristais, é importante que tanto o terapeuta quanto o receptor mantenham a intenção clara de ancorar, fortalecer e equilibrar a energia do chakra raiz, potencializando a ação vibracional da pedra.

A utilização de sons e mantras também é uma ferramenta poderosa no equilíbrio do chakra raiz. O som primordial associado a esse chakra é LAM, que pode ser entoado em conjunto com a prática de ancoramento ou durante a imposição de mãos. O terapeuta pode cantar o mantra suavemente ou usar gravações específicas de frequências de cura para o chakra raiz, deixando o som preencher o ambiente e penetrar no campo energético do receptor. A vibração sonora atua diretamente sobre a frequência do chakra, dissolvendo tensões e reprogramando sua rotação e fluxo natural.

Para reforçar o alinhamento e prevenir novos bloqueios, é essencial cultivar práticas diárias que mantenham a conexão com a Terra e fortaleçam o senso de segurança interna. Caminhadas descalço na terra ou na grama, contato direto com elementos naturais como pedras e árvores, práticas corporais como yoga ou tai chi e a escolha de alimentos naturais e nutritivos são formas simples e eficazes de manter o chakra raiz fortalecido. Essas práticas reforçam a percepção de que o corpo físico é um templo sagrado que merece cuidado e reverência, solidificando a base sobre a qual todo o sistema energético se sustenta.

Quando aplicado em si mesmo, o processo de harmonização do chakra raiz é também um exercício de autoconhecimento. Observar as próprias reações ao trabalhar esse centro revela crenças profundas sobre segurança, merecimento e pertencimento que foram herdadas da família, da cultura e de experiências passadas. Cada desconforto ou resistência que surge durante a prática é uma oportunidade de reescrever essas crenças e substituí-las por novas impressões de confiança e estabilidade. Ao aplicar essa prática em terceiros, o terapeuta não apenas facilita a cura do receptor, mas também fortalece sua própria conexão com a energia da Terra, tornando-se um canal cada vez mais estável e seguro para a condução de energia de cura.

Trabalhar com o chakra raiz é, antes de tudo, um convite para retornar à própria essência, despindo-se das camadas de medo e desconexão que a vida moderna e as experiências desafiadoras acumulam sobre esse centro vital. A segurança verdadeira que emana de um Muladhara equilibrado não vem de fatores externos ou garantias materiais passageiras, mas da profunda confiança de que o simples fato de existir já é suficiente para assegurar o próprio lugar no mundo. É essa segurança interior, nutrida diariamente por práticas de ancoramento e cuidado, que sustenta a coragem de encarar a vida com presença, de ocupar o próprio espaço com dignidade e de construir uma existência enraizada na própria verdade.

Ao compreender que a energia da Terra não é apenas uma fonte de sustento, mas uma aliada constante, o praticante desenvolve uma nova relação com o corpo físico e com o mundo material. Cada passo, cada respiração e cada escolha passa a ser guiada por essa percepção de pertencimento e interdependência com o planeta. Dessa conexão enraizada nasce uma força tranquila, que não precisa de excessos ou defesas rígidas para se sentir segura. É a segurança de quem sabe que não está separado da terra onde pisa, nem do fluxo abundante de energia que a natureza oferece em cada instante.

    Fortalecer o chakra raiz, portanto, não é apenas um exercício técnico, mas uma reconciliação com a própria existência. Ao nutrir esse centro, dissolvem-se gradualmente os medos primordiais que fragmentam a confiança no fluxo da vida. O corpo volta a ser um lar seguro para a alma, e o presente, por mais desafiador que seja, deixa de ser uma ameaça constante para se tornar um terreno fértil onde a segurança, a criatividade e o propósito podem florescer com firmeza e beleza. É nesse solo sólido, preparado com cuidado e presença, que toda jornada de expansão espiritual pode realmente começar.

Capítulo 5
Chakra Sacro
(Swadhisthana)

O chakra sacro é o segundo centro energético do corpo humano e localiza-se logo abaixo do umbigo, na região do baixo ventre. Ele é o centro da criatividade, do prazer, da sexualidade sagrada e do fluxo emocional. Se o chakra raiz representa a fundação, a segurança e o contato com a matéria, o chakra sacro é a energia do movimento, da criação e da conexão com a própria capacidade de sentir e expressar emoções de forma fluida e espontânea. É por meio desse centro que o ser humano experimenta os prazeres da vida, estabelece vínculos emocionais e expressa sua criatividade, não apenas artística, mas também em sua forma de viver, resolver problemas e cocriar sua realidade.

No plano físico, o chakra sacro está intimamente conectado ao sistema reprodutor, rins, bexiga e toda a região pélvica. Desequilíbrios nesse centro podem se manifestar como problemas ginecológicos, infertilidade, disfunções sexuais, dores lombares e distúrbios urinários. No plano emocional, é o chakra que processa a relação com o prazer, a culpa, os desejos e os sentimentos de merecimento. No nível mental, regula a criatividade, a capacidade de se adaptar a novas situações e a fluidez emocional diante das mudanças da vida. Espiritualmente, o chakra sacro é o portal para a vivência da sexualidade como expressão sagrada da força criadora, integrando prazer e espiritualidade de forma harmônica.

Quando o chakra sacro está equilibrado, a pessoa sente-se confortável em seu próprio corpo, conectada com seus desejos e emoções sem repressão ou culpa. O prazer é vivenciado de forma natural, sem excessos ou negações, e a criatividade flui em todos os aspectos da vida, seja no trabalho, nos relacionamentos ou nas práticas espirituais. Existe uma capacidade saudável de criar vínculos afetivos e de expressar emoções de forma honesta e espontânea. No entanto, quando esse chakra está bloqueado ou hiperativo, o fluxo criativo é interrompido, e surgem dificuldades em lidar com o próprio corpo e com a sexualidade, além de instabilidades emocionais e padrões repetitivos de relacionamentos disfuncionais.

Um chakra sacro enfraquecido geralmente está associado a repressão emocional, sentimentos de vergonha ou culpa em relação à sexualidade e dificuldade de acessar o prazer e a criatividade. Por outro lado, um chakra sacro hiperativo pode gerar compulsões sexuais, busca excessiva por prazer imediato e uma instabilidade emocional marcada por oscilações intensas de humor e dependência afetiva. Em ambos os casos, o fluxo natural de energia entre o chakra raiz e o plexo solar é comprometido, dificultando a conexão entre desejo, ação e realização prática.

Para harmonizar o chakra sacro em si mesmo, o primeiro passo é desenvolver uma percepção consciente da região pélvica e das emoções associadas a essa área. Sentado ou deitado, com os olhos fechados, leve a atenção para o baixo ventre e visualize uma esfera de luz laranja pulsando suavemente. Respire profundamente, sentindo essa esfera expandir-se a cada inspiração e contrair-se levemente a cada expiração, como se estivesse respirando diretamente através do chakra sacro. Ao longo desse processo, observe sem julgamento quais emoções emergem, permitindo que quaisquer sentimentos de culpa, vergonha ou repressão venham à tona e sejam suavemente dissolvidos pela luz laranja. Esse simples exercício de presença é um primeiro passo poderoso para restaurar a fluidez energética nesse centro.

Para atuar no chakra sacro de outra pessoa, o terapeuta ou facilitador pode posicionar as mãos a poucos centímetros do baixo ventre, observando as sensações sutis de calor, frio ou resistência. Com cada inspiração, imagine a energia vital subindo da Terra, preenchendo seu próprio corpo e fluindo de suas mãos para o chakra sacro do receptor. Visualize uma corrente de luz laranja dourada fluindo para essa região, dissolvendo bloqueios e restaurando o movimento livre e harmonioso da energia. A respiração conjunta entre terapeuta e receptor cria uma ressonância energética que facilita o desbloqueio. O terapeuta pode guiar verbalmente o receptor a respirar diretamente para o baixo ventre, reforçando a conexão consciente com esse centro e liberando tensões acumuladas.

O uso de cristais é especialmente eficaz no equilíbrio do chakra sacro. Pedras como cornalina, pedra da lua e âmbar possuem ressonância direta com esse centro e podem ser posicionadas sobre o baixo ventre durante a prática. Ao utilizar cristais, o terapeuta ou praticante deve manter a intenção de restaurar o fluxo criativo e dissolver padrões emocionais limitantes, permitindo que a energia sexual e criativa flua livremente sem culpa ou repressão. É recomendável que o receptor permaneça em silêncio após a sessão, permitindo que as emoções processadas continuem se reorganizando internamente.

A vibração sonora também é uma ferramenta poderosa para desbloquear e realinhar o chakra sacro. O mantra VAM é tradicionalmente associado a esse centro e pode ser entoado de forma contínua, permitindo que a vibração ressoe diretamente na região pélvica. O terapeuta pode entoar o mantra durante a imposição de mãos ou orientar o próprio receptor a vocalizar o som, sentindo a vibração interna dissolver bloqueios e restaurar o fluxo de energia criativa. Sons de água corrente, especialmente de riachos ou cachoeiras suaves, também ressoam com a frequência natural do chakra sacro, reforçando sua conexão com o elemento água, símbolo do movimento e da fluidez.

Incorporar práticas corporais específicas ao cotidiano é fundamental para manter o chakra sacro equilibrado. Dança livre, especialmente danças circulares e movimentos pélvicos conscientes, ajudam a desbloquear tensões e restaurar a alegria do movimento. Práticas de toque consciente, como automassagem na região pélvica ou banhos de imersão com ervas e óleos essenciais, também fortalecem a conexão com o próprio corpo e dissolvem memórias de repressão. Alimentação consciente, especialmente com alimentos de cores vibrantes e sabor naturalmente doce, nutre energeticamente esse centro.

Para trabalhar o chakra sacro em processos terapêuticos mais profundos, é essencial observar quais crenças e padrões familiares ou culturais foram projetados sobre sexualidade, prazer e criatividade. Muitas vezes, o bloqueio nesse centro tem origem em mensagens internalizadas sobre pecado, vergonha ou inadequação. Criar um espaço seguro onde essas crenças possam ser reconhecidas e ressignificadas é parte essencial do processo de cura. Tanto o terapeuta quanto o praticante devem lembrar que a energia sexual e criativa é uma força sagrada, fonte da própria vida, e seu fluxo saudável é essencial para o bem-estar integral.

Trabalhar o chakra sacro é resgatar o direito essencial de sentir prazer em existir, de criar sem medo e de habitar o próprio corpo com amor e reverência. É nesse centro vibrante que a alma aprende a dançar com a matéria, explorando as texturas da vida sem culpa ou repressão. Cada emoção acolhida, cada desejo reconhecido e cada gesto criativo são expressões legítimas dessa energia pulsante, que não apenas move a sexualidade e a arte, mas também sustenta a alegria de viver e a capacidade de fluir com as mudanças da existência.

Ao liberar o fluxo do Swadhisthana, a pessoa redescobre sua relação íntima com a própria essência criadora. Criar deixa de ser uma atividade isolada e torna-se um estado de presença, uma dança constante entre o sentir e o expressar, entre o receber e o doar. O prazer, muitas vezes distorcido ou negado, é ressignificado como uma ponte direta entre corpo e espírito, lembrando que é através do toque, do movimento e da sensorialidade que a alma celebra sua encarnação. Cada gesto criativo, cada emoção fluida e cada vínculo sincero são testemunhos vivos de um chakra sacro desperto e vibrante.

    Curar o chakra sacro é também curar a relação com a própria história, reconhecendo onde a espontaneidade foi sufocada, onde o prazer foi associado à culpa e onde a criatividade foi trocada pela rigidez. Nesse reencontro com o próprio fluxo, o ser se reconecta com a força da água que o habita — adaptável, profunda e livre. E, ao permitir-se fluir sem medo, o indivíduo não apenas se alinha consigo mesmo, mas também com a corrente criadora que atravessa toda a existência, descobrindo que sua expressão mais autêntica é, em si, um ato de cura e celebração.

Capítulo 6
Chakra do Plexo Solar
(Manipura)

O chakra do plexo solar é o terceiro centro energético do sistema de chakras e está localizado na região do abdômen superior, logo acima do umbigo. É nele que se concentra a energia do poder pessoal, da autoconfiança e da capacidade de agir no mundo com clareza e determinação. Esse centro é a sede da força de vontade e da capacidade de tomar decisões alinhadas ao verdadeiro eu. Ele regula como o indivíduo se percebe, se posiciona diante das situações e lida com sua própria autoridade interior. Quando esse chakra está equilibrado, a pessoa sente-se segura em suas escolhas, sabe estabelecer limites claros, age com confiança e não depende excessivamente da aprovação externa. Existe uma conexão saudável com o próprio valor e uma relação equilibrada entre controle e entrega.

No plano físico, o chakra do plexo solar governa a saúde do sistema digestivo, especialmente estômago, fígado, pâncreas e vesícula biliar. Qualquer bloqueio nesse centro pode gerar problemas de digestão, gastrite, refluxo, úlceras ou distúrbios metabólicos. No plano emocional, é responsável pela maneira como o indivíduo processa críticas, rejeições e frustrações, determinando se essas experiências fortalecem ou corroem sua autoestima. Em nível mental, regula a clareza de pensamento, a capacidade de tomar decisões estratégicas e de manter o foco em objetivos sem dispersão ou dúvida constante. Espiritualmente, esse chakra representa a conexão com a chama interna de poder, que não é uma força de dominação externa, mas a capacidade de manifestar a própria essência de forma plena e autêntica.

Quando equilibrado, o chakra do plexo solar promove uma postura firme, segura e centrada. A pessoa reconhece suas qualidades, conhece suas limitações e tem consciência de suas potencialidades sem precisar provar seu valor ou se comparar constantemente com os outros. As ações são guiadas por um senso de propósito interno, e não por reações impulsivas ou necessidade de reconhecimento. A autoestima é estável, e a relação com autoridade é madura, sem submissão excessiva ou necessidade de rebeldia. O equilíbrio desse centro se reflete em uma capacidade natural de liderar a própria vida com autonomia, sem cair em extremos de controle ou passividade.

Quando bloqueado, o chakra do plexo solar enfraquece a percepção de valor pessoal. A pessoa tende a duvidar de suas próprias capacidades, sente-se incapaz de sustentar suas escolhas e cede facilmente à manipulação ou imposição de terceiros. Há uma dificuldade em reconhecer limites e uma tendência a buscar validação externa para cada ação, o que gera insegurança e dependência emocional. No corpo físico, essa condição se manifesta como má digestão, dores abdominais, sensação de nó no estômago e metabolismo irregular. No plano emocional, surgem sentimentos de inadequação, vergonha, frustração constante e medo de errar.

Por outro lado, quando o chakra do plexo solar está hiperativo, a energia do poder pessoal se distorce em autoritarismo, necessidade compulsiva de controle e arrogância. A pessoa sente que precisa dominar o ambiente e as pessoas ao seu redor para se sentir segura. Há uma dificuldade em confiar no fluxo natural da vida e uma necessidade de estar sempre no comando. Esse excesso de energia gera tensões musculares abdominais, inflamações no sistema digestivo e padrões de rigidez e inflexibilidade mental. Em nível emocional, a competitividade extrema, a impaciência e a necessidade de provar superioridade sobre os outros são sinais clássicos de um plexo solar hiperativo.

Para equilibrar esse chakra em si mesmo, a prática mais eficaz é cultivar a presença consciente na região do abdômen, reconhecendo o próprio centro de poder como uma chama interna que não depende de circunstâncias externas para brilhar. Sente-se confortavelmente, com as costas eretas, e leve sua atenção ao centro do seu abdômen, logo acima do umbigo. Respire profunda e lentamente, visualizando uma esfera de luz amarela dourada brilhando nessa região. A cada inspiração, essa esfera se expande, preenchendo todo o seu abdômen com calor e segurança. A cada expiração, qualquer tensão, dúvida ou medo acumulado nessa área é suavemente dissolvido e liberado. Permita que essa luz dourada ressoe com seu pulso interno, como uma chama que arde com estabilidade e brilho constante. Essa prática simples fortalece a conexão consciente com o próprio poder pessoal e pode ser realizada diariamente, especialmente antes de situações que exigem confiança e clareza.

Para aplicar a harmonização do chakra do plexo solar em outra pessoa, o terapeuta ou facilitador posiciona as mãos a poucos centímetros da região do estômago, observando sensações sutis de temperatura, resistência ou vibração. Com cada inspiração, o terapeuta visualiza uma corrente de luz dourada descendo pelo canal central de energia e fluindo diretamente para o plexo solar do receptor. Com cada expiração, qualquer energia densa ou padrão limitante é liberado e dissolvido na terra. O terapeuta pode guiar verbalmente o receptor a respirar diretamente para o estômago, reconhecendo sua própria luz interior e reafirmando seu valor e poder pessoal. Essa prática de respiração orientada ajuda o receptor a recuperar a conexão com seu centro de força e a dissolver padrões de submissão ou autossabotagem.

A associação de cristais é uma excelente forma de amplificar o trabalho de equilíbrio do plexo solar. Pedras como citrino, olho de tigre e âmbar possuem ressonância direta com esse chakra e podem ser posicionadas diretamente sobre o estômago durante a sessão. O terapeuta ou praticante pode programar os cristais com a intenção de restaurar a autoestima, fortalecer a clareza pessoal e dissolver memórias de humilhação ou perda de poder. Deixar o cristal sobre o plexo solar durante alguns minutos após a prática ajuda a ancorar o novo padrão energético.

O uso de sons e mantras reforça ainda mais o realinhamento desse centro. O mantra RAM é associado ao plexo solar e pode ser entoado repetidamente, vibrando diretamente no abdômen. O terapeuta pode cantar o mantra ou guiar o receptor a entoar esse som em conjunto com a respiração consciente e a visualização da luz dourada. Esse trabalho vibracional reorganiza a frequência energética do chakra e dissolve bloqueios profundos relacionados à autoestima e ao poder pessoal.

No cotidiano, cultivar práticas que reforcem a autonomia e a clareza pessoal é essencial para manter esse chakra equilibrado. Estabelecer metas pessoais claras, tomar pequenas decisões diárias de forma consciente e praticar a autoafirmação positiva reforçam a conexão com o próprio poder. Alimentos amarelos, como abóbora, banana e milho, nutrem energeticamente esse centro, enquanto a exposição ao sol fortalece diretamente a vibração do plexo solar.

Trabalhar o plexo solar é um processo contínuo de recuperar o próprio poder e dissolver crenças e padrões herdados de submissão, medo de errar ou busca excessiva de aprovação externa. Cada vez que a pessoa reafirma seu valor intrínseco e age em coerência com sua verdade interna, esse chakra se fortalece e se expande, criando uma base sólida para a expressão autêntica nos relacionamentos, no trabalho e na espiritualidade.

Compreender e harmonizar o chakra do plexo solar é, portanto, um convite a uma jornada de reconexão com o próprio centro de comando interior. Mais do que desenvolver uma postura de força ou controle externo, trata-se de despertar uma segurança essencial que nasce do alinhamento entre pensamento, emoção e ação. Esse equilíbrio interno permite que cada escolha seja guiada por uma percepção clara do próprio valor, dissolvendo a necessidade de provar algo ou corresponder a expectativas alheias. Assim, o poder pessoal deixa de ser uma disputa externa e se torna a expressão natural de quem compreende e ocupa, com inteireza, o seu lugar no mundo.

Ao fortalecer essa chama dourada no centro do ser, a pessoa recupera não apenas sua confiança, mas também a leveza de agir com espontaneidade e presença. A clareza interna se reflete em atitudes firmes, mas flexíveis, capazes de dialogar com as circunstâncias sem se perder nelas. Nesse estado de equilíbrio, o plexo solar deixa de oscilar entre submissão e autoritarismo, encontrando o ponto de maturidade onde a força se alia à sabedoria. As relações se tornam mais autênticas, os limites são definidos com naturalidade e o fluxo da vida é acolhido com confiança, sem a rigidez do controle excessivo.

Esse caminho de autoconhecimento e cura é dinâmico, feito de pequenas escolhas diárias que reforçam o vínculo com a própria verdade. Ao honrar sua luz interna, o indivíduo ressignifica experiências passadas de vergonha ou impotência, transformando-as em aprendizados que sustentam sua força presente. Cada passo em direção à autonomia pessoal e à expressão autêntica fortalece esse centro, permitindo que o plexo solar brilhe como um sol interno — firme, radiante e em paz consigo mesmo.

Capítulo 7
Chakra Cardíaco
(Anahata)

O chakra cardíaco é o quarto centro energético e ocupa uma posição central no sistema de chakras, localizado no meio do peito, próximo ao coração físico. Ele é a ponte vibracional entre os três chakras inferiores, mais ligados à dimensão material e às necessidades de sobrevivência e identidade, e os três superiores, conectados às esferas espirituais e à consciência expandida. Por essa razão, o equilíbrio do chakra cardíaco é fundamental para a harmonia global do ser, pois ele integra e traduz os impulsos da alma em emoções humanas e ações amorosas concretas no mundo. É por meio desse centro que o amor, em suas múltiplas expressões, flui e se manifesta — o amor próprio, o amor pelo próximo e o amor espiritual e incondicional pela existência como um todo.

No nível físico, o chakra cardíaco está diretamente associado ao coração, pulmões, sistema circulatório, braços e mãos. Esse vínculo físico reflete a função do coração energético de bombear a energia da vida para todas as áreas da experiência, nutrindo os corpos físico, emocional e espiritual. No campo emocional, o chakra cardíaco regula a capacidade de dar e receber amor de forma equilibrada, sem depender ou se anular diante do outro. Ele governa a empatia, a compaixão e a capacidade de perdoar, tanto a si mesmo quanto aos outros. Mentalmente, esse centro influencia diretamente a maneira como a pessoa interpreta as ações alheias, escolhendo entre olhar o mundo com compaixão e compreensão ou com julgamento e rancor. Espiritualmente, o chakra cardíaco é o portal para o amor incondicional e para a percepção da unidade entre todos os seres, dissolvendo barreiras de separação e promovendo a compreensão de que cada ser é uma expressão singular da mesma essência divina.

Quando o chakra cardíaco está equilibrado, a pessoa sente-se conectada consigo mesma e com o mundo ao seu redor de forma fluida e natural. Existe uma abertura para dar e receber amor sem medo ou resistência, e os relacionamentos são vividos com honestidade, equilíbrio e generosidade. A capacidade de se colocar no lugar do outro, de sentir empatia e compaixão, floresce sem esforço, tornando-se parte da expressão natural do ser. A pessoa desenvolve uma relação de afeto e cuidado consigo mesma, reconhecendo suas necessidades emocionais e nutrindo-as com gentileza e paciência.

Quando o chakra cardíaco está bloqueado ou enfraquecido, surge uma sensação de vazio emocional, acompanhada de dificuldades em confiar, em se abrir para o amor ou em aceitar afeto sem desconfiança. A pessoa tende a se isolar, mesmo em meio a relacionamentos próximos, construindo muralhas emocionais para se proteger de novas feridas.

Fisicamente, esse bloqueio pode se manifestar como tensões no peito, problemas respiratórios, taquicardias ou alterações na pressão arterial. Emocionalmente, o bloqueio gera sentimentos de solidão, tristeza profunda, amargura e uma tendência a reviver feridas emocionais passadas, como se fossem sempre presentes.

Por outro lado, um chakra cardíaco hiperativo pode gerar padrões de apego excessivo e dependência emocional. A pessoa sente uma necessidade compulsiva de agradar, teme desagradar ou ser rejeitada, e frequentemente coloca as necessidades alheias acima das suas, numa tentativa inconsciente de ser amada. Esse excesso de energia emocional muitas vezes leva a padrões de sacrifício constante e a relacionamentos onde há desequilíbrio entre dar e receber, resultando em frustração e ressentimento. Em nível físico, esse excesso de energia pode sobrecarregar o coração e o sistema respiratório, além de gerar uma hipersensibilidade emocional desproporcional aos acontecimentos.

Para equilibrar o chakra cardíaco em si mesmo, uma prática simples e eficaz é a meditação de expansão do amor próprio e da compaixão. Sentado confortavelmente, leve as mãos ao centro do peito e feche os olhos. Respire profunda e lentamente, visualizando uma esfera de luz verde brilhante pulsando entre suas mãos e seu peito. A cada inspiração, essa esfera cresce e se expande, preenchendo todo o tórax com uma luz vibrante e acolhedora. Com cada expiração, permita que qualquer dor, mágoa ou ressentimento seja dissolvido nessa luz verde, sendo suavemente liberado para a Terra. Com cada respiração, sinta seu peito relaxar e expandir, abrindo espaço para novas experiências de amor e conexão. Esse exercício pode ser combinado com afirmações de amor próprio, como "Eu me aceito completamente" ou "Eu mereço e recebo amor em todas as formas". Praticar essa meditação diariamente, especialmente antes de dormir ou após situações emocionalmente desafiadoras, fortalece o campo cardíaco e cultiva a autocompaixão.

Ao aplicar essa harmonização em outra pessoa, o terapeuta ou facilitador posiciona suas mãos diretamente sobre o peito do receptor ou a poucos centímetros de distância, respeitando o conforto do cliente. A percepção inicial deve focar na qualidade da energia: se há frio, opacidade ou sensação de rigidez, pode indicar bloqueio e retração emocional. Calor excessivo ou uma vibração pulsante desorganizada pode indicar excesso de energia emocional não processada. Após essa leitura inicial, o terapeuta inicia a condução energética, visualizando uma luz verde esmeralda fluindo de suas mãos para o coração do receptor, dissolvendo camadas de dor e nutrindo o centro cardíaco com segurança e acolhimento. Pode-se orientar o receptor a respirar diretamente para o peito, sentindo o fluxo de energia ser restaurado com cada inspiração.

O uso de cristais é uma excelente forma de apoiar esse trabalho. Quartzo rosa, aventurina verde e turmalina melancia são especialmente indicados para nutrir e equilibrar o chakra cardíaco. O cristal pode ser posicionado diretamente sobre o peito ou segurado nas mãos durante a sessão. O terapeuta pode também programar o cristal com a intenção de dissolver mágoas antigas e restaurar a capacidade de confiar no fluxo do amor. Após a sessão, recomenda-se que o receptor mantenha o cristal consigo por alguns dias, como um lembrete energético do processo de cura iniciado.

O som e a vibração são aliados poderosos no realinhamento do chakra cardíaco. O mantra YAM, associado a esse centro, pode ser entoado suavemente durante a condução energética, tanto pelo terapeuta quanto pelo receptor. O som reverbera diretamente no centro do peito, liberando camadas emocionais estagnadas e restaurando a vibração natural do coração energético. Sons suaves da natureza, como o canto de pássaros ou o som do vento entre as árvores, também ressoam com a frequência do chakra cardíaco e podem ser usados como fundo sonoro durante sessões de harmonização.

No cotidiano, práticas que cultivem a autocompaixão e a conexão com a natureza fortalecem esse chakra. Caminhadas ao ar livre, cuidados pessoais como banhos de ervas calmantes e momentos de silêncio e introspecção são essenciais para nutrir o centro cardíaco. Cultivar pequenas atitudes de gratidão diária também fortalece a energia do coração, lembrando que o amor não está apenas no receber, mas também na capacidade de reconhecer e honrar o que já existe.

O despertar do chakra cardíaco é um chamado para habitar o próprio coração com presença e honestidade, reconhecendo suas cicatrizes sem se definir por elas. Cada mágoa acolhida com gentileza, cada gesto de autoaceitação e cada pequeno ato de compaixão são fios que tecem um campo de amor próprio sólido e fluido ao mesmo tempo. Quando o coração aprende a confiar em sua capacidade de se curar e de amar sem medo, ele deixa de buscar amparo fora e passa a se nutrir diretamente da fonte inesgotável que habita seu centro. Nesse estado de equilíbrio, o amor deixa de ser uma moeda de troca ou uma necessidade de sobrevivência e se torna uma expressão natural do ser.

À medida que o chakra cardíaco se harmoniza, a percepção do outro também se transforma. O que antes era visto como ameaça ou fonte de frustração passa a ser compreendido como reflexo de histórias e dores que, em algum nível, são comuns a todos. A empatia brota não como um esforço intelectual, mas como uma pulsação espontânea do coração desperto. Essa abertura não significa ausência de limites, mas sim uma consciência clara de que amar é também honrar o próprio espaço e reconhecer o tempo necessário para florescer. O coração equilibrado sabe quando se abrir, quando acolher e quando se resguardar, sem que isso represente medo ou dureza.

Cuidar do chakra cardíaco, portanto, é um compromisso contínuo de voltar ao centro, de respirar com o peito aberto mesmo quando as memórias tentam se fechar em defesa. É permitir que a dor encontre espaço para ser sentida sem engessá-la em muros de proteção. Ao respirar amor para dentro e para fora, o coração se torna um canal de cura não só para quem o habita, mas também para o mundo ao seu redor, irradiando a lembrança de que somos todos aprendizes do amor, descobrindo, passo a passo, como permanecer abertos mesmo diante da impermanência.

Capítulo 8
Chakra Laríngeo
(Vishuddha)

O chakra laríngeo é o quinto centro energético e está localizado na base da garganta, próximo à laringe. Ele é o canal da expressão, da comunicação e da verdade interior. É através desse chakra que pensamentos, sentimentos e intuições são articulados e manifestados no mundo. Esse centro não apenas regula a comunicação verbal, mas também a capacidade de ouvir e compreender, estabelecendo uma troca equilibrada de energia entre o que é expressado e o que é recebido. Ele governa o alinhamento entre a mente e o coração, garantindo que aquilo que se sente e se pensa possa ser comunicado de maneira clara, honesta e autêntica.

No plano físico, o chakra laríngeo está diretamente ligado às cordas vocais, à faringe, à laringe, à glândula tireoide e ao sistema respiratório superior. Desequilíbrios nesse centro podem resultar em problemas como rouquidão frequente, dificuldades na fala, dores de garganta recorrentes, tensão no pescoço e distúrbios na tireoide. No campo emocional, ele regula a expressão da verdade pessoal e a capacidade de afirmar limites saudáveis, permitindo que a pessoa se posicione no mundo sem medo do julgamento. Mentalmente, influencia a clareza na formulação de ideias e a habilidade de transmitir informações de maneira compreensível. Espiritualmente, o chakra laríngeo é um canal de conexão com a voz da alma e com planos mais elevados de consciência, sendo essencial para a recepção de intuições e mensagens espirituais.

Quando equilibrado, o chakra laríngeo permite uma comunicação fluida, assertiva e harmoniosa. A pessoa consegue expressar suas ideias e sentimentos sem medo ou hesitação, ouvindo sua própria intuição e respeitando sua verdade interior. Há um equilíbrio entre falar e escutar, sem a necessidade de interromper os outros ou se calar por medo de desagradar. A autenticidade se torna natural e a expressão verbal reflete com precisão aquilo que se sente, sem necessidade de distorções ou exageros.

Quando bloqueado, o chakra laríngeo dificulta a comunicação e a expressão da verdade pessoal. A pessoa pode sentir medo de falar, de ser mal compreendida ou de ser rejeitada por expressar suas opiniões. Esse bloqueio frequentemente tem origem em experiências de repressão, em que o indivíduo foi desencorajado a se manifestar ou sentiu que suas palavras não tinham valor. O resultado é uma tendência ao silêncio excessivo, à submissão em conversas e ao acúmulo de emoções não expressas, que acabam se refletindo no corpo físico como dores na garganta, sensação de nó na garganta e tensão crônica no pescoço e nos ombros.

Por outro lado, um chakra laríngeo hiperativo pode levar ao excesso de fala, à dificuldade em ouvir os outros e à tendência de impor opiniões de maneira agressiva ou descontrolada. Nesse caso, há uma necessidade de se expressar constantemente, mas sem filtrar as palavras, o que pode resultar em discursos impulsivos, mal-entendidos e dificuldades nos relacionamentos. O excesso de energia nesse centro pode gerar uma fala rápida e desordenada, além de distúrbios como gagueira ou comunicação ansiosa.

Para harmonizar o chakra laríngeo em si mesmo, um exercício eficaz é a respiração consciente associada à vocalização. Sentado ou deitado confortavelmente, leve a atenção para a garganta e visualize uma esfera de luz azul-clara pulsando suavemente nessa região. Respire profundamente, sentindo o ar passar suavemente pela garganta a cada inspiração e expiração. Ao expirar, emita um som suave e contínuo, como um leve "hummm", sentindo a vibração ressoar na base da garganta. Esse processo libera tensões acumuladas e estimula o fluxo energético do chakra. Para potencializar o exercício, pode-se adicionar a entoação do mantra HAM, associado ao chakra laríngeo, repetindo-o em um tom que vibre diretamente na região da garganta.

Para aplicar essa técnica em outra pessoa, o terapeuta ou facilitador pode posicionar as mãos a poucos centímetros da garganta do receptor, percebendo a qualidade da energia presente. Sensações de frio ou rigidez indicam bloqueios, enquanto calor excessivo pode sinalizar hiperatividade. Após essa leitura inicial, inicia-se o processo de harmonização, visualizando uma corrente de luz azul-clara fluindo das mãos para o centro da garganta do receptor, dissolvendo bloqueios e restabelecendo o fluxo energético. Durante a sessão, o terapeuta pode orientar o receptor a inspirar profundamente e expirar emitindo um som suave, promovendo uma liberação consciente de tensões emocionais acumuladas nesse chakra.

O uso de cristais é altamente benéfico para o equilíbrio do chakra laríngeo. Pedras como a sodalita, a água-marinha e o lápis-lazúli possuem ressonância direta com esse centro energético. O cristal pode ser posicionado sobre a garganta durante a harmonização ou segurado nas mãos para reforçar a intenção de clareza e expressão autêntica. Se o objetivo for liberar bloqueios emocionais antigos, a turquesa pode ser utilizada para suavizar o processo e trazer uma comunicação mais fluida.

O som e a vibração são ferramentas poderosas para desbloquear esse centro. Além do mantra HAM, a escuta de frequências sonoras específicas para o chakra laríngeo pode acelerar o alinhamento energético. Música clássica suave, cantos harmônicos e até mesmo a prática do canto espontâneo ajudam a desbloquear a energia estagnada e restaurar a fluidez desse centro. Para aqueles que sentem dificuldades em se expressar verbalmente, a escrita terapêutica pode ser uma prática complementar valiosa. Escrever diariamente sobre pensamentos e emoções reprimidas ajuda a criar um espaço seguro para que a verdade interior se manifeste sem medo.

No cotidiano, pequenas mudanças de comportamento podem contribuir significativamente para manter esse chakra em equilíbrio. Praticar a escuta ativa, evitando interromper os outros e realmente absorvendo o que está sendo dito, fortalece a qualidade da comunicação. Expressar opiniões de maneira clara e respeitosa, sem medo de julgamentos, reforça a autenticidade e a confiança na própria voz. Cantar, mesmo que sozinho, é uma forma de ativar a vibração da garganta e fortalecer esse centro energético.

O chakra laríngeo não apenas rege a comunicação externa, mas também a comunicação interna. Muitas vezes, bloqueios nesse centro surgem porque a pessoa se acostumou a silenciar sua própria intuição e ignorar sua voz interior. Trabalhar esse chakra significa também restaurar a conexão com a própria verdade e permitir que a essência do ser seja expressa plenamente, sem medo ou repressão. A clareza e a fluidez desse centro garantem que a energia vital possa seguir seu curso ascendente, facilitando a expansão dos chakras superiores e fortalecendo a conexão com dimensões mais elevadas da consciência.

O caminho de cura do chakra laríngeo é, antes de tudo, um resgate da própria voz — não apenas a voz que o mundo ouve, mas aquela que ecoa internamente, na intimidade dos pensamentos e sentimentos não ditos. Cada vez que uma verdade interna é acolhida e expressa, mesmo que de forma sutil ou imperfeita, esse centro energético se fortalece e ganha brilho. Com o tempo, a garganta deixa de ser um espaço de retenção e tensão, transformando-se em um canal aberto, onde o fluxo de quem se é de verdade pode fluir sem medo ou necessidade de aprovação.

Esse despertar da voz autêntica não exige perfeição ou eloquência, mas sim coragem e presença. Expressar o que se sente e pensa de maneira honesta, mesmo diante da possibilidade de não ser compreendido, é uma prática de alinhamento entre mente, coração e alma. Ao ocupar esse espaço de expressão verdadeira, a comunicação deixa de ser uma performance ou uma defesa e se torna uma extensão natural da própria existência. E nesse fluxo sincero, ouvir o outro também se transforma — não mais como um ato passivo, mas como uma abertura genuína para reconhecer a humanidade presente em cada voz.

Cultivar esse equilíbrio no chakra laríngeo é, portanto, construir uma ponte constante entre o mundo interno e externo, dissolvendo os muros que um dia silenciaram sentimentos ou aprisionaram ideias. Ao dar voz ao que pulsa dentro, a pessoa se liberta das amarras da autocensura e descobre que a própria verdade, por mais vulnerável que pareça, é o seu alicerce mais firme. E assim, a expressão deixa de ser apenas palavra — torna-se sopro vital, eco de alma, vibração que conecta o ser consigo mesmo e com o todo.

Capítulo 9
Chakra do Terceiro Olho
(Ajna)

O chakra do terceiro olho é o sexto centro energético e está localizado no centro da testa, ligeiramente acima e entre as sobrancelhas. Esse chakra é o portal da percepção expandida, da intuição profunda e da visão interior. É nele que se processa a capacidade de enxergar além da realidade física, percebendo conexões sutis entre eventos, captando informações além do plano sensorial e integrando insights vindos da alma e de planos superiores. É através desse centro que o véu entre o mundo visível e o invisível se afina, permitindo que o indivíduo compreenda a teia de causas e efeitos que conecta todas as experiências.

No plano físico, o chakra do terceiro olho está diretamente relacionado à saúde dos olhos, do sistema nervoso central, da glândula pineal e da atividade cerebral. Quando esse centro está equilibrado, a mente funciona de forma clara e concentrada, e há uma conexão intuitiva fluida, onde percepções sutis emergem com facilidade e são compreendidas sem esforço. No plano emocional, esse chakra facilita a conexão com a sabedoria interior e a confiança nas próprias percepções, o que reduz a ansiedade gerada pela dúvida constante ou pela necessidade de validação externa. Em nível mental, governa a clareza de pensamento, a capacidade de síntese e a habilidade de enxergar padrões ocultos por trás dos acontecimentos. Espiritualmente, é o portal de acesso direto à consciência superior, onde a mente individual pode tocar a mente cósmica, recebendo orientações e compreendendo a própria jornada a partir de um ponto de vista elevado.

Quando equilibrado, o chakra do terceiro olho permite uma visão clara do caminho pessoal, onde intuição e lógica trabalham em harmonia. As decisões são tomadas a partir de uma percepção interna alinhada, onde a mente consciente se abre para captar as mensagens da alma. Esse equilíbrio promove uma mente aberta e receptiva, capaz de questionar crenças e expandir conceitos sem resistência, aceitando que o universo é muito mais vasto do que o intelecto pode abarcar. A intuição se torna uma ferramenta cotidiana, integrando-se às decisões práticas, e a criatividade flui como expressão dessa visão ampliada.

Quando bloqueado, o chakra do terceiro olho fecha o campo perceptivo, limitando a visão da realidade à esfera puramente material. A pessoa perde a conexão com sua intuição e passa a depender exclusivamente de informações externas e da lógica linear, tornando-se excessivamente crítica, cética e desconectada do próprio sentir. Há uma dificuldade em perceber sincronicidades e em captar mensagens simbólicas que a vida envia continuamente. Essa desconexão também pode gerar confusão mental, excesso de pensamentos repetitivos e dificuldade em tomar decisões, pois a mente perde o contato com a sabedoria interior. Fisicamente, bloqueios nesse centro podem gerar dores de cabeça persistentes, problemas de visão, distúrbios do sono e tensões na região da testa e do couro cabeludo.

Um chakra do terceiro olho hiperativo, por sua vez, pode levar a uma desconexão excessiva da realidade concreta. A pessoa pode se perder em devaneios, interpretando cada evento como sinal ou mensagem espiritual, sem discernir entre intuição verdadeira e projeções da própria mente. A hiperatividade desse centro pode gerar ansiedade, paranoia e uma tendência a construir realidades fantasiosas, desconectadas do momento presente. Fisicamente, essa sobrecarga pode impactar o sistema nervoso, gerando insônia, enxaquecas e sensibilidade extrema a estímulos visuais e auditivos.

Para equilibrar o chakra do terceiro olho em si mesmo, uma prática fundamental é a meditação de foco visual interno. Sentado confortavelmente, com a coluna ereta e os olhos fechados, leve a atenção para o centro da testa. Visualize um ponto de luz índigo brilhante, pulsando suavemente entre as sobrancelhas. Respire lenta e profundamente, permitindo que esse ponto de luz se expanda a cada inspiração, preenchendo a testa e a cabeça com sua vibração serena e profunda. A cada expiração, permita que qualquer tensão mental, dúvida ou confusão se dissolva nessa luz, sendo suavemente liberada. Após alguns minutos, visualize esse ponto de luz transformando-se em um olho interno, que se abre e começa a perceber a luz interior e a paisagem sutil da sua consciência profunda. Esse exercício, praticado diariamente, fortalece a conexão com a visão interior e abre espaço para a intuição fluir de maneira natural e confiável.

Para aplicar essa harmonização em outra pessoa, o terapeuta ou facilitador posiciona as mãos a poucos centímetros da testa do receptor, captando as primeiras impressões energéticas. Sensações de rigidez ou opacidade podem indicar bloqueios, enquanto uma vibração acelerada e caótica pode sinalizar hiperatividade. Após a leitura inicial, inicia-se o fluxo energético, visualizando uma corrente de luz índigo fluindo das mãos para o centro da testa do receptor. Essa luz dissolve bloqueios e acalma excessos, restaurando o fluxo harmônico entre mente consciente e intuição profunda. Durante o processo, o terapeuta pode sugerir que o receptor visualize o ponto de luz índigo e respire diretamente para o terceiro olho, sincronizando sua intenção de clareza e abertura.

A aplicação de cristais potencializa o alinhamento desse chakra. Pedras como ametista, lápis-lazúli e azurita ressoam diretamente com a frequência do terceiro olho. Posicionar o cristal diretamente sobre a testa ou segurá-lo durante a prática ajuda a amplificar a clareza intuitiva e a dissolver bloqueios mentais. Se o objetivo for equilibrar excessos, a ametista é especialmente indicada por sua capacidade de acalmar o fluxo mental e dissolver padrões obsessivos de pensamento.

O som é outro grande aliado nesse trabalho. O mantra OM é diretamente associado ao chakra do terceiro olho e pode ser entoado durante a prática, tanto pelo terapeuta quanto pelo receptor. O som OM ressoa diretamente na glândula pineal, estimulando sua ativação e harmonizando o fluxo energético da testa. Além do mantra, sons de tigelas de cristal afinadas na nota correspondente a esse chakra podem ser utilizados, preenchendo o ambiente com uma vibração que reorganiza e acalma o campo mental.

No cotidiano, práticas que cultivem a presença e a observação silenciosa fortalecem esse centro. Reservar momentos para contemplar a natureza, observar o céu noturno ou simplesmente fechar os olhos e ouvir a própria respiração são formas simples de abrir espaço para a intuição. Questionar crenças rígidas, abrir-se para novas ideias e observar padrões repetitivos nos próprios pensamentos são práticas que ajudam a manter esse chakra em equilíbrio.

O chakra do terceiro olho é o portal da visão espiritual, mas essa visão só pode se manifestar plenamente quando há uma base sólida de autoconhecimento e conexão com a realidade presente. Trabalhar esse centro é um processo de afinar a percepção, dissolver camadas de condicionamento mental e permitir que a luz da alma ilumine o caminho. Quando esse chakra está alinhado, a mente se torna uma aliada da intuição, e a vida adquire uma clareza profunda, onde cada experiência é reconhecida como parte de um fluxo maior de aprendizado e evolução.

Despertar e alinhar o chakra do terceiro olho é como aprender a olhar para dentro e para fora com a mesma profundidade e curiosidade. Ele não é apenas uma porta para visões místicas ou experiências espirituais elevadas, mas também uma lente refinada que revela a verdade simples e silenciosa presente em cada instante. Quando a mente cessa sua agitação e se rende ao espaço de observação serena, esse centro energético floresce, permitindo que a intuição se expresse não como um evento esporádico, mas como uma bússola interna que orienta o caminhar diário. Nesse estado de clareza expandida, a percepção se torna menos fragmentada, e o fluxo da vida é compreendido com maior amplitude e confiança.

Esse alinhamento entre visão interna e realidade externa dissolve a ilusão de separação entre o visível e o invisível, entre o concreto e o sutil. O indivíduo passa a perceber que cada situação carrega camadas de significado, e que a intuição não compete com a razão, mas a complementa. O olhar do terceiro olho não busca respostas prontas ou verdades absolutas; ele se abre ao mistério e ao fluxo, reconhecendo que a sabedoria não está apenas nas respostas, mas na disposição de permanecer atento às perguntas que ecoam no silêncio da mente desperta.

Cultivar essa percepção refinada é um processo de desapego das certezas rígidas e de entrega à escuta interna, onde cada sinal, cada imagem e cada insight são acolhidos com curiosidade e discernimento. O terceiro olho, quando amadurecido, não busca controlar ou prever o futuro, mas aprender a enxergar o presente com uma clareza tão profunda que os próximos passos se revelam por si mesmos. Assim, mente e alma caminham lado a lado, e a visão espiritual deixa de ser um evento extraordinário para se tornar uma forma natural de estar no mundo — desperto, conectado e consciente da trama invisível que costura cada instante.

Capítulo 10
Chakra Coronário
(Sahasrara)

O chakra coronário é o sétimo centro energético e está localizado no topo da cabeça. Ele é a porta de conexão direta entre a consciência individual e o campo cósmico universal. Esse centro representa a fusão entre a essência individual e a mente divina, permitindo que a sabedoria espiritual flua diretamente para o campo mental e energético da pessoa. Diferente dos outros chakras, cuja função é processar e equilibrar aspectos materiais, emocionais e mentais, o chakra coronário é a abertura para o infinito, o ponto onde a individualidade se dissolve temporariamente na vastidão da consciência universal.

No plano físico, o chakra coronário está relacionado ao sistema nervoso central e à glândula pineal, além de influenciar sutilmente o funcionamento de todo o cérebro. Quando equilibrado, esse centro permite que a mente funcione de forma clara e serena, com um senso contínuo de conexão com algo maior. O fluxo de informações espirituais se integra de maneira orgânica ao raciocínio lógico, permitindo uma compreensão ampliada da realidade, onde intuição, raciocínio e espiritualidade fluem como partes de uma única percepção unificada.

Em nível emocional, o equilíbrio do chakra coronário proporciona uma sensação de paz profunda, mesmo em meio às circunstâncias externas desafiadoras. A pessoa sente-se sustentada por uma confiança inabalável de que existe uma ordem maior conduzindo sua jornada. Essa confiança não é baseada em crenças dogmáticas, mas em uma percepção direta da interconexão de todas as coisas. Em nível mental, esse chakra governa a capacidade de integrar novas ideias sem resistência, expandir a consciência sem medo e acolher a vastidão da existência com humildade e reverência.

Espiritualmente, o chakra coronário é o canal direto da luz divina, o ponto onde a consciência individual se alinha com o fluxo cósmico. É por esse centro que o ser humano recebe os impulsos de sua essência espiritual mais elevada, assim como intuições e direções vindas de guias, mestres e da própria fonte divina. Quando esse chakra está ativo e equilibrado, há um reconhecimento claro de que cada ser é uma centelha da mesma consciência criadora, dissolvendo ilusões de separação e medo.

Quando bloqueado ou subativado, o chakra coronário cria uma barreira entre a mente consciente e os níveis superiores de percepção. A pessoa sente-se isolada, desconectada de qualquer sentido maior e presa em uma visão puramente material da existência. Esse bloqueio pode gerar crises existenciais, sensação de vazio interior, depressão profunda e perda de interesse em buscas espirituais. Fisicamente, bloqueios nesse centro podem se manifestar como dores de cabeça recorrentes, distúrbios de sono, cansaço mental extremo e dificuldade de concentração.

Um chakra coronário hiperativo, por outro lado, pode gerar uma desconexão excessiva da realidade física. A pessoa pode se perder em estados de euforia espiritual, desconectando-se das necessidades práticas da vida cotidiana. Esse excesso de energia também pode gerar uma mente hiperativa, pulando de pensamento em pensamento sem foco ou clareza. A hiperatividade do chakra coronário pode, em casos extremos, levar a delírios espirituais, onde a pessoa acredita estar em constante contato com entidades ou mensagens divinas, sem discernimento claro sobre a origem dessas informações.

Para harmonizar o chakra coronário em si mesmo, uma prática essencial é a meditação de recepção da luz divina. Sente-se confortavelmente, com a coluna ereta, e feche os olhos. Visualize um fluxo de luz branca ou violeta descendo do alto, penetrando o topo de sua cabeça e preenchendo suavemente todo o seu corpo. Com cada inspiração, essa luz desce mais profundamente, envolvendo a cabeça, a garganta, o peito, o abdômen e finalmente a base da coluna. Com cada expiração, permita que qualquer tensão, pensamento excessivo ou resistência se dissolva nessa luz, subindo suavemente de volta para a fonte. Permaneça nesse fluxo contínuo de recepção e liberação, reconhecendo-se como parte inseparável dessa corrente infinita de luz e consciência. Essa prática pode ser combinada com afirmações de abertura espiritual, como "Eu sou um com a fonte divina" ou "Recebo e irradio a luz universal".

Para harmonizar o chakra coronário em outra pessoa, o terapeuta ou facilitador pode posicionar as mãos a poucos centímetros do topo da cabeça do receptor. Antes de iniciar, é importante sintonizar-se com a própria fonte interior de luz e alinhamento espiritual. Com as mãos sobre o chakra coronário do receptor, visualize uma coluna de luz branca dourada descendo diretamente da fonte divina, atravessando as mãos do terapeuta e penetrando o topo da cabeça do receptor. Essa luz desce suavemente pela coluna energética, ativando e harmonizando cada centro à medida que flui. Durante o processo, é importante manter a intenção de conexão pura com a energia da fonte, sem projeções mentais ou expectativas sobre o resultado. A cada respiração conjunta entre terapeuta e receptor, a luz se ajusta à necessidade específica do momento, dissolvendo bloqueios e restabelecendo a conexão direta com a consciência superior.

O uso de cristais é altamente recomendável para reforçar a harmonização do chakra coronário. Cristais como quartzo branco, ametista e selenita ressoam diretamente com esse centro. O cristal pode ser posicionado sobre o topo da cabeça ou segurado nas mãos durante a prática, servindo como âncora vibracional para a frequência elevada desse chakra. Ao final da harmonização, recomenda-se que o receptor permaneça em silêncio por alguns minutos, permitindo que as percepções sutis e as informações recebidas se integrem de forma orgânica.

O som e a vibração são ferramentas essenciais para ativar e estabilizar esse centro. O mantra OM, som primordial da criação, é o mais eficaz para ressoar diretamente no chakra coronário. Pode ser entoado pelo terapeuta ou pelo próprio receptor durante a prática, permitindo que a vibração do OM dissolva camadas de resistência e abra espaço para a consciência superior se manifestar. Além do mantra, sinos tibetanos, tigelas de cristal afinadas na nota correspondente e músicas meditativas com frequências elevadas podem ser utilizadas para ancorar e estabilizar a expansão do chakra coronário.

No cotidiano, práticas simples como contemplar o céu, observar a natureza em silêncio e criar momentos de vazio mental são essenciais para manter esse chakra equilibrado. A espiritualidade vivida na prática, através de atitudes de gratidão, compaixão e serviço ao próximo, fortalece o alinhamento entre a mente individual e a mente divina. Evitar dogmatismos e permanecer aberto à experiência direta da espiritualidade, sem intermediários, é uma forma de preservar a clareza e a integridade desse centro.

O chakra coronário é o portal final da ascensão consciente, onde a percepção individual se expande para reconhecer-se como parte indivisível do todo. Trabalhar esse chakra é um processo contínuo de esvaziar-se de crenças limitantes e abrir-se para a vastidão da consciência cósmica. Com esse centro harmonizado, o fluxo entre alma e personalidade se torna livre, permitindo que a expressão diária da vida seja uma manifestação direta da luz interior.

A harmonização do chakra coronário não é apenas uma prática espiritual isolada, mas um convite constante para reconhecer a própria existência como parte de um fluxo infinito de consciência. Cada momento de silêncio interno, cada respiração consciente e cada gesto de presença plena são oportunidades de alinhar-se com essa dimensão superior que nos atravessa e nos constitui. Esse chakra nos lembra que não estamos desconectados da fonte — pelo contrário, somos sua expressão viva, mesmo quando a mente limitada insiste em acreditar na separação e no isolamento.

Ao permitir que a luz sutil do chakra coronário permeie os demais centros, a vida cotidiana passa a ser guiada por uma sabedoria silenciosa que não precisa de palavras ou explicações. As escolhas tornam-se mais alinhadas, o olhar se amplia e a percepção do sagrado no ordinário se torna natural. A expansão da consciência, nesse contexto, não é uma fuga para dimensões etéreas, mas o enraizamento sereno da essência espiritual em cada experiência humana, por mais simples que ela seja.

Integrar o chakra coronário ao fluxo da vida é reconhecer que a verdadeira espiritualidade não acontece fora de nós, mas pulsa em cada batimento do coração, em cada pensamento que se expande para além do ego e em cada ato de amor desinteressado. É através desse centro que lembramos, sempre que nos dispomos a ouvir, que somos a própria consciência divina experimentando-se no tempo e no espaço, dançando entre a forma e a infinitude.

Capítulo 11
Chakra da Alma
(8º Chakra)

O chakra da alma é o primeiro dos chakras superiores e marca a transição entre os centros energéticos ligados à experiência terrena e aqueles conectados diretamente com a realidade espiritual expandida. Localizado cerca de quinze a vinte centímetros acima do topo da cabeça, esse centro energético funciona como uma ponte entre a consciência da personalidade e a consciência superior da alma imortal. É por meio do chakra da alma que o propósito da alma para essa encarnação é registrado e progressivamente revelado à mente consciente. Ele também serve como um repositório de todas as memórias da jornada da alma, acumuladas ao longo de múltiplas encarnações e experiências em diferentes planos e dimensões.

Enquanto os sete chakras tradicionais estão integrados ao corpo físico e aos corpos sutis mais próximos da matéria, o chakra da alma vibra em uma frequência mais refinada e acessível apenas quando há uma certa purificação nos centros inferiores. Seu pleno funcionamento depende do alinhamento progressivo do ego com os propósitos mais elevados da alma. No plano físico, esse chakra não está associado diretamente a órgãos ou sistemas corporais específicos, mas influencia o campo áurico como um todo, sendo responsável por expandir e elevar a vibração geral do campo energético pessoal.

No plano emocional, o chakra da alma influencia diretamente a sensação de propósito e significado na vida. Quando esse centro está aberto e fluido, há uma certeza interna de que a existência tem um sentido profundo, mesmo que nem todos os detalhes estejam visíveis. Esse alinhamento cria uma sensação de paz existencial, onde o indivíduo compreende que sua presença na Terra é parte de um plano maior. No plano mental, o chakra da alma facilita o acesso a insights e revelações intuitivas relacionadas ao propósito de vida e à missão espiritual. Esses insights não surgem como pensamentos lineares, mas como descargas súbitas de compreensão, onde blocos inteiros de significado são absorvidos instantaneamente pela mente.

Espiritualmente, o chakra da alma é o ponto de ancoragem do Eu Superior no campo energético humano. Quando esse centro está ativo e harmonizado, o Eu Superior consegue transferir sua orientação diretamente para a consciência cotidiana, dissolvendo a sensação de separação entre o ser encarnado e sua essência divina. Essa fusão progressiva permite que a vida terrena seja conduzida a partir de uma perspectiva ampliada, onde cada experiência é vista como parte de um processo de aprendizado e realização da alma.

Quando bloqueado ou enfraquecido, o chakra da alma cria uma sensação de desconexão espiritual e perda de direção interior. A pessoa sente-se sem propósito, como se estivesse à deriva, incapaz de perceber sua função dentro da teia maior da existência. Esse bloqueio frequentemente é resultado de traumas profundos, especialmente aqueles que geraram a crença de que a vida é apenas uma sequência aleatória de eventos sem significado. Sem acesso à orientação superior, o indivíduo tende a buscar sentido apenas no mundo externo, tornando-se vulnerável a influências alheias e perdendo contato com sua bússola interna.

Um chakra da alma hiperativo, por outro lado, pode gerar uma desconexão parcial da realidade terrena. A pessoa passa a se identificar exclusivamente com sua dimensão espiritual, rejeitando a experiência material e desenvolvendo uma visão escapista da espiritualidade. Esse excesso pode resultar em uma busca obsessiva por mensagens espirituais, sem integração prática, e numa dificuldade de lidar com os desafios comuns da vida física, como trabalho, relacionamentos e responsabilidades cotidianas.

Para harmonizar o chakra da alma em si mesmo, uma prática essencial é a meditação de conexão com o Eu Superior. Sente-se confortavelmente, com a coluna ereta e os olhos fechados. Visualize um ponto de luz azul-esverdeado brilhante acima da sua cabeça, irradiando suavemente sua luz sobre seu campo energético. Respire profundamente, permitindo que essa luz desça, tocando o topo da sua cabeça e fluindo por toda sua coluna. Com cada inspiração, você se abre para receber orientações e percepções do seu Eu Superior. Com cada expiração, qualquer resistência, dúvida ou medo é dissolvido e liberado. Permaneça nesse fluxo, sentindo a presença do seu Eu Superior como uma consciência amorosa e sábia, sempre presente para guiar sua jornada. Essa prática pode ser combinada com perguntas internas diretas, como "Qual é o próximo passo para alinhar-me com meu propósito?" ou "Que qualidade minha alma deseja expressar hoje?".

Para aplicar essa harmonização em outra pessoa, o terapeuta ou facilitador posiciona suas mãos a cerca de quinze a vinte centímetros acima da cabeça do receptor, ajustando-se à altura exata onde percebe a presença do chakra da alma. Com as mãos nessa posição, o terapeuta visualiza uma coluna de luz azul-esverdeada fluindo do alto, atravessando suas mãos e descendo suavemente para o campo do receptor. Essa luz envolve todo o topo da cabeça e desce pelo canal central, harmonizando o fluxo entre a consciência terrena e a consciência superior da alma. Durante o processo, o terapeuta pode sugerir ao receptor que respire profundamente e imagine-se envolto por essa luz de orientação, permitindo que qualquer sensação de desconexão ou dúvida seja dissolvida.

O uso de cristais pode fortalecer significativamente esse trabalho. Pedras como celestita, cianita azul e apofilita ressoam diretamente com a frequência do chakra da alma. Posicionar uma dessas pedras acima da cabeça do receptor ou segurá-la durante a prática reforça o alinhamento com as energias superiores da alma e facilita o recebimento de mensagens e percepções intuitivas.

A vibração sonora é uma ferramenta importante para ativar esse centro. Embora esse chakra não tenha um mantra tradicionalmente associado, sons vocálicos como o "Ah" entoado suavemente podem abrir e expandir sua energia. Esse som ressoa diretamente com a vibração de entrega e abertura, permitindo que a mente consciente se aquiete e o campo superior da alma se aproxime. Sons de harpas, sinos e instrumentos de cristal afinados em frequências elevadas também são altamente eficazes nesse processo.

No cotidiano, cultivar práticas de escuta interior é essencial para manter o chakra da alma harmonizado. Momentos de silêncio contemplativo, escrita intuitiva, contato com a natureza e práticas de gratidão diária criam um ambiente interno favorável para que a voz da alma se torne perceptível. Reconhecer e honrar intuições sutis, mesmo quando elas não fazem sentido imediato, fortalece a confiança nesse canal e amplia sua clareza.

O despertar consciente do chakra da alma é um convite para reposicionar a própria existência dentro de um cenário mais amplo, onde a experiência individual não é isolada, mas entrelaçada ao propósito maior da alma e da própria evolução coletiva. Cada momento de silêncio interior, cada lampejo de intuição ou sensação de reconhecimento profundo de algo aparentemente invisível são expressões diretas da comunicação desse centro sutil. É através dele que começamos a lembrar que não somos apenas caminhantes do mundo físico, mas viajantes de longa data em uma jornada que atravessa vidas, dimensões e aprendizados entrelaçados.

Conforme esse centro se alinha e se estabiliza, a sensação de pertencimento à própria história da alma se intensifica. As dúvidas sobre o próprio valor ou sobre o significado das circunstâncias vividas perdem força, pois o olhar passa a captar a sabedoria oculta em cada experiência, mesmo nas mais desafiadoras. O cotidiano se transforma em um espelho, refletindo com delicadeza os movimentos internos da alma, enquanto a mente se torna mais receptiva a guiar-se por percepções súbitas e orientações silenciosas que brotam sem esforço. Esse alinhamento gradual não afasta a pessoa da matéria, mas a convida a habitá-la com presença e reverência, compreendendo-a como parte integrante do caminho espiritual.

Ao fortalecer essa conexão, a sensação de solidão existencial cede espaço para uma confiança sutil e inabalável. É uma certeza que não precisa de provas, um saber silencioso de que, mesmo nas horas mais nebulosas, há uma presença interna que nunca se ausenta. Essa presença é a alma, paciente e amorosa, aguardando apenas o instante em que a consciência da personalidade se disponha a ouvir, a reconhecer e, por fim, a caminhar ao lado dela como parceira consciente da própria história sagrada.

Capítulo 12
Chakra do Portal Estelar
(9º Chakra)

O chakra do portal estelar é o primeiro grande ponto de acesso consciente entre a energia pessoal e as dimensões superiores do universo. Localizado aproximadamente trinta centímetros acima da cabeça, ele funciona como uma espécie de antena cósmica capaz de captar, filtrar e direcionar para o campo energético individual informações e frequências provenientes de planos elevados, incluindo as esferas de guias, mestres e conselhos espirituais. Esse chakra expande a percepção além da limitação espaço-tempo, permitindo que a consciência humana sintonize-se com sua origem cósmica e compreenda sua jornada sob uma perspectiva universal, onde cada alma é uma partícula de uma inteligência criadora em constante expansão.

Diferentemente dos chakras tradicionais, que estão diretamente conectados aos corpos físico, emocional e mental, o chakra do portal estelar vibra em uma frequência de pura conexão espiritual, sendo acessível apenas quando a personalidade e o campo emocional já foram suficientemente harmonizados. Sua função é abrir um canal direto entre o ser encarnado e as redes de consciência superior, conectando-o à memória galáctica e ao fluxo contínuo de informações que permeiam o universo. Ele serve como um ponto de entrada para a energia da fonte criadora, funcionando como uma chave de acesso para processos avançados de cura, ascensão e ativação do corpo de luz.

Fisicamente, o chakra do portal estelar não tem uma correspondência direta com órgãos ou sistemas biológicos, mas sua atividade afeta diretamente a frequência vibratória do campo áurico como um todo. Ele eleva a rotação do campo energético, permitindo que o corpo físico e os corpos sutis se ajustem a frequências cada vez mais elevadas. Esse processo é essencial para que o ser humano transite com consciência entre diferentes dimensões e integre informações espirituais em sua vida cotidiana sem gerar sobrecarga energética ou fragmentação psíquica.

Em nível emocional, o equilíbrio desse chakra proporciona uma sensação profunda de pertencimento cósmico. A pessoa deixa de sentir-se isolada ou desconectada da existência maior, passando a reconhecer-se como parte ativa e indispensável de uma teia infinita de consciências e inteligências cósmicas. Esse alinhamento gera uma confiança serena no fluxo da vida, onde mesmo as dificuldades pessoais são reconhecidas como expressões temporárias de um processo maior de evolução espiritual.

Mentalmente, o chakra do portal estelar expande a percepção da mente, permitindo que ela opere em múltiplos níveis simultaneamente. A pessoa passa a captar insights e informações que parecem chegar sem esforço, como se fossem downloads diretos da consciência universal. Esse fluxo de informações superiores não se apresenta como pensamentos lineares, mas como blocos inteiros de compreensão, muitas vezes acompanhados de imagens simbólicas e sensações corporais sutis. Esse processo de recepção direta é uma das principais funções desse chakra, pois ele facilita o acesso consciente a registros cósmicos, memórias de vidas em outros sistemas e orientações sobre a missão pessoal de alma.

Quando esse chakra está bloqueado ou subativado, a pessoa sente-se desconectada de sua dimensão espiritual superior. Mesmo que tenha uma prática espiritual ou crenças metafísicas, há uma sensação de que a conexão direta com o divino e com guias espirituais está cortada ou inacessível. Isso pode gerar um vazio existencial profundo e uma sensação de separação e abandono cósmico, levando à busca incessante por validação espiritual externa ou por mestres e sistemas que ofereçam respostas prontas, em vez de estimular a conexão direta e pessoal com as fontes superiores.

Quando o chakra do portal estelar está hiperativo ou descontrolado, pode haver uma sobrecarga de informações espirituais que o sistema energético inferior não é capaz de processar. Isso leva a estados de confusão psíquica, ansiedade espiritual extrema e dificuldade em discernir entre intuições verdadeiras e projeções mentais ilusórias. Em casos extremos, esse excesso de estímulo pode desencadear crises de fragmentação da identidade ou episódios de fuga da realidade, onde a pessoa passa a se identificar exclusivamente com sua dimensão cósmica, rejeitando totalmente sua experiência humana.

Para equilibrar o chakra do portal estelar em si mesmo, uma prática poderosa é a meditação de conexão estelar consciente. Sente-se confortavelmente, com a coluna ereta e as mãos repousando sobre as coxas ou voltadas para cima. Feche os olhos e visualize uma esfera de luz pérola brilhante flutuando cerca de trinta centímetros acima da sua cabeça. Essa esfera representa o seu portal estelar pessoal, conectado diretamente às redes de consciência superior. Respire profundamente, imaginando um fio sutil de luz dourada descendo dessa esfera e conectando-se suavemente ao topo da sua cabeça. Com cada inspiração, permita que essa luz dourada desça pela coluna, preenchendo todo o seu corpo. Com cada expiração, visualize qualquer resistência, medo ou sensação de separação sendo dissolvida e liberada para a luz da esfera acima. Esse fluxo contínuo de recepção e liberação ajusta progressivamente sua frequência pessoal à vibração do seu portal estelar, permitindo que ele se torne uma ponte estável e clara para o recebimento de informações e frequências superiores.

Para aplicar essa técnica em outra pessoa, o terapeuta ou facilitador posiciona suas mãos cerca de trinta centímetros acima da cabeça do receptor, ajustando sua percepção sutil até localizar o ponto exato onde a energia do portal estelar é mais intensa. Com as mãos posicionadas, o terapeuta visualiza uma corrente de luz pérola dourada fluindo de planos superiores, atravessando suas mãos e descendo para o chakra do portal estelar do receptor. Esse fluxo de luz é guiado com a intenção de ativar e harmonizar esse centro, dissolvendo bloqueios e ajustando o campo áurico do receptor à frequência das redes cósmicas superiores. Durante esse processo, o terapeuta pode sugerir ao receptor que visualize uma coluna de luz dourada descendo do alto e conectando-se ao topo da cabeça, promovendo uma integração consciente do processo.

O uso de cristais é altamente eficaz para estabilizar esse chakra após a ativação. Pedras como selenita, quartzo aura e diamante herkimer possuem alta ressonância com o portal estelar e podem ser posicionadas acima da cabeça do receptor ou em sua mão dominante durante a prática. Esses cristais atuam como amplificadores da conexão cósmica, facilitando a recepção de informações e estabilizando o fluxo energético entre o corpo físico e os planos superiores.

O som é outra ferramenta essencial para alinhar o chakra do portal estelar. Não há um mantra específico tradicionalmente associado a esse centro, mas entoar sons vocálicos longos, como o som "Eee", em uma tonalidade suave e elevada, ajuda a abrir e harmonizar esse portal. Frequências sonoras de 963 Hz, associadas à ativação da pineal e da consciência cósmica, são especialmente recomendadas para trabalhos regulares com esse chakra.

No cotidiano, cultivar momentos de contemplação silenciosa sob o céu aberto, especialmente à noite, fortalece a conexão com o portal estelar. Praticar a observação consciente das estrelas, permitindo-se sentir o vínculo direto entre seu ser interior e a vastidão cósmica, reforça a percepção intuitiva da própria origem estelar e do papel que cada alma cumpre na expansão da consciência universal. Manter diários intuitivos, registrando insights e imagens recebidas durante essas práticas, ajuda a construir um diálogo direto e crescente com o Eu Superior e com as redes de consciência superior.

O despertar do chakra do portal estelar é uma lembrança sutil e, ao mesmo tempo, poderosa de que a essência que habita o corpo físico não se origina da Terra, mas de uma matriz cósmica infinita, onde cada alma é um ponto de luz consciente, dançando entre dimensões. Esse centro, ao se abrir progressivamente, dissolve a ilusão de isolamento e reconecta a consciência individual às teias luminosas da Criação, permitindo que informações, memórias e percepções provenientes de esferas superiores se entrelacem com a vida terrena de maneira fluida e natural. Não é uma fuga para as estrelas, mas um reencontro com a raiz espiritual de onde viemos e para onde, inevitavelmente, retornamos.

Com o portal estelar ativo e em harmonia, o ser encarnado se torna um ponto de convergência entre o céu e a terra, capaz de traduzir frequências elevadas em gestos simples e cotidianos, tornando sua própria existência uma ponte viva entre dimensões. As orientações superiores deixam de parecer distantes ou inatingíveis e passam a se manifestar no próprio ritmo da vida, como intuições sutis, sincronicidades precisas e uma certeza silenciosa de estar exatamente onde precisa estar. É através desse centro que a consciência humana se alinha ao seu legado cósmico, lembrando-se de sua contribuição única para a grande sinfonia da evolução universal.

Ao integrar o chakra do portal estelar à vivência diária, a espiritualidade deixa de ser um conceito ou uma prática isolada e se torna uma qualidade intrínseca do próprio olhar sobre a vida. Cada estrela no céu noturno passa a ser um reflexo íntimo da jornada interior, cada silêncio revela camadas ocultas de conexão e pertencimento, e cada inspiração abre espaço para que o infinito se expresse dentro da experiência humana. Trabalhar esse centro é, acima de tudo, aceitar o convite de ser, na Terra, um fragmento consciente do cosmos, dançando entre mundos com os pés firmes no presente e a alma aberta ao infinito.

Capítulo 13
Chakra da Consciência Universal
(10º Chakra)

O chakra da consciência universal é o décimo centro energético e está localizado cerca de quarenta e cinco centímetros acima da cabeça, posicionando-se acima do chakra do portal estelar, mas ainda dentro da esfera de alcance direto do campo áurico expandido. Esse chakra representa a entrada consciente na malha de inteligência cósmica que permeia toda a existência. Se o chakra do portal estelar é a antena que capta as frequências mais elevadas, o chakra da consciência universal é o centro que decodifica e integra essas frequências, traduzindo-as em compreensão direta sobre a unidade entre todos os seres, tempos e dimensões. Ele é o portal da percepção da interconexão total e da consciência de que cada pensamento, ação e emoção reverbera pelo campo unificado da criação.

Esse centro energético não possui uma função isolada ou autocentrada, pois sua principal característica é dissolver os limites da individualidade em favor de uma percepção ampliada do todo. Sua ativação plena permite que a pessoa transcenda a visão fragmentada da separação entre si e o mundo, compreendendo-se como um ponto de consciência dentro de um organismo vivo e infinito, onde cada ser e cada experiência são expressões de uma inteligência divina única.

Fisicamente, o chakra da consciência universal não se conecta diretamente a órgãos ou sistemas, mas seu equilíbrio reflete na harmonia entre os hemisférios cerebrais, facilitando a integração entre lógica e intuição, mente concreta e percepção espiritual. Essa harmonia promove um funcionamento cerebral mais coerente, onde a mente analítica deixa de ser um mecanismo de controle e passa a operar em sintonia com a mente superior, captando informações além da linearidade do pensamento comum.

Em nível emocional, esse chakra atua dissolvendo medos primários ligados à separação e ao abandono. A pessoa passa a sentir-se sustentada por uma presença maior e percebe que nunca está sozinha, pois cada passo da sua jornada é acompanhado e sustentado por redes invisíveis de inteligência amorosa. Essa confiança básica no fluxo da vida dissolve tensões emocionais profundas e permite que a mente e o coração operem com serenidade mesmo diante de desafios.

Mentalmente, o chakra da consciência universal amplia a capacidade de processar informações complexas e de perceber padrões ocultos em eventos cotidianos. Essa percepção expandida permite enxergar as conexões entre situações aparentemente isoladas, integrando cada experiência em um quadro maior de aprendizado e evolução coletiva. A mente deixa de operar de maneira linear e passa a funcionar de forma holográfica, captando múltiplos níveis de significado simultaneamente.

Espiritualmente, o chakra da consciência universal é o ponto onde o indivíduo desperta para sua verdadeira identidade como uma célula consciente dentro do corpo universal. Essa percepção de unidade dissolve os últimos resquícios da crença em separação e isolamento, permitindo que o amor e a compaixão incondicionais fluam naturalmente para todos os seres e para todas as formas de vida. A ativação desse chakra é essencial para o serviço espiritual consciente, pois permite que o terapeuta ou praticante se torne um canal direto para a consciência cósmica durante atendimentos e transmissões energéticas.

Quando bloqueado ou enfraquecido, o chakra da consciência universal impede que a pessoa perceba sua conexão com o todo, deixando-a presa em uma visão excessivamente individualista e isolada da realidade. Esse bloqueio gera uma sensação de solidão cósmica, acompanhada por uma crença de que a vida é uma luta solitária e desconectada de um propósito maior. Essa desconexão pode levar a padrões de apego excessivo à identidade pessoal e a uma resistência profunda em abrir-se para novas ideias ou percepções espirituais.

Por outro lado, um chakra da consciência universal hiperativo pode gerar uma sensação de dissolução de identidade prematura, onde a pessoa perde o senso saudável de individualidade e passa a identificar-se exclusivamente com o coletivo ou com a ideia de uma fusão total com o universo. Esse excesso pode resultar em uma desconexão das responsabilidades terrenas e em uma dificuldade de manter limites saudáveis em relações e práticas espirituais. Em casos extremos, pode haver perda de contato com a realidade concreta, com a mente sendo inundada por percepções caóticas e sem integração.

Para harmonizar o chakra da consciência universal em si mesmo, uma prática eficaz é a meditação de fusão com o campo unificado. Sente-se confortavelmente, com a coluna ereta e os olhos fechados. Visualize uma esfera de luz rosa-dourada acima da sua cabeça, irradiando uma luz suave e pulsante. Respire profundamente, permitindo que essa luz desça até o topo da sua cabeça e vá preenchendo seu campo energético. Com cada inspiração, sinta essa luz expandir-se, dissolvendo os limites do seu corpo e do seu campo áurico, até que sua consciência flua livremente no espaço ao redor. Com cada expiração, entregue-se à sensação de unidade, permitindo que sua mente silencie e apenas sinta a conexão com tudo o que existe. Permaneça nesse estado de expansão consciente por alguns minutos, observando o que surge sem julgamento ou controle.

Para aplicar essa técnica em outra pessoa, o terapeuta ou facilitador posiciona suas mãos cerca de quarenta e cinco centímetros acima da cabeça do receptor, ajustando sua percepção até localizar a pulsação energética característica do chakra da consciência universal. Visualize uma corrente de luz rosa-dourada descendo de planos superiores, atravessando suas mãos e penetrando suavemente no campo áurico do receptor. Essa luz expande-se em todas as direções, dissolvendo bloqueios e ajustando o campo pessoal do receptor à vibração da consciência unificada.

Durante esse processo, o terapeuta pode sugerir ao receptor que visualize seu campo energético expandindo-se além dos limites do corpo, unindo-se ao espaço ao redor até que sua consciência flua livremente no oceano de luz cósmica.

O uso de cristais é altamente recomendável para estabilizar esse chakra após a ativação. Pedras como quartzo rosa-dourado, danburita e azeztulita possuem alta ressonância com o chakra da consciência universal. Essas pedras podem ser posicionadas acima da cabeça durante a prática ou seguradas nas mãos, auxiliando na ancoragem suave da expansão de consciência experimentada durante o processo.

O som é uma ferramenta poderosa para harmonizar esse centro. Sons vocálicos longos como o "Ahhh", entoado em tom suave, ajudam a dissolver camadas de separação e a permitir que a consciência se funda gradualmente com o campo universal. Músicas com frequências de 852 Hz ou composições que simulam o som do cosmos, como gravações de pulsares e vibrações espaciais, também são especialmente eficazes para sintonizar esse centro.

No cotidiano, cultivar a percepção da unidade nas pequenas coisas fortalece esse chakra. Reconhecer a beleza e a interdependência da natureza, praticar atos conscientes de compaixão e observar como cada pensamento e emoção afetam seu entorno são práticas simples e profundas para manter esse centro ativo e equilibrado. Momentos regulares de contemplação silenciosa, especialmente em espaços abertos ou em contato com a natureza, ajudam a expandir essa percepção de unidade e dissolver as barreiras entre eu e o outro.

A ativação consciente do chakra da consciência universal não é um ato isolado, mas uma rendição gradual ao fluxo maior da existência, onde o eu deixa de ser um centro fixo e passa a ser um ponto pulsante dentro da vasta rede de consciência que permeia tudo. Nesse espaço de fusão silenciosa, a mente cede lugar a uma inteligência maior que não se impõe, mas flui suavemente, revelando que cada pensamento é um eco de outros pensamentos, cada gesto é uma extensão de incontáveis gestos e cada alma é reflexo e espelho de todas as outras. A expansão desse centro não anula a individualidade, mas dissolve as bordas rígidas do ego, transformando-o em uma interface sensível entre o divino e o cotidiano.

Com esse chakra em harmonia, a separação entre sagrado e profano, espiritual e material, interno e externo, desmorona. A consciência deixa de buscar respostas em lugares distantes e compreende que cada resposta já pulsa no coração de cada experiência presente. A simples observação de uma folha caindo ou o toque de uma brisa suave torna-se tão carregado de significado quanto qualquer revelação mística. A vida, em sua dança comum, passa a ser percebida como expressão direta da inteligência divina, e cada pequena escolha ganha profundidade ao ser reconhecida como parte de um fluxo maior, onde tudo ressoa e tudo importa.

Cultivar esse estado de fusão consciente é aprender a caminhar com leveza, sem se perder nem na vastidão do cosmos nem nos limites do próprio reflexo. É habitar o mundo com um olhar gentil e compassivo, compreendendo que cada encontro, cada desafio e cada momento é uma oportunidade de lembrar, uma vez mais, que somos o próprio universo se percebendo, aprendendo e amando através de cada um de nós.

Capítulo 14
Chakra da Visão Divina
(11º Chakra)

O chakra da visão divina é o décimo primeiro centro energético do sistema expandido e localiza-se aproximadamente sessenta centímetros acima da cabeça, posicionado além do chakra da consciência universal. Esse centro é responsável por abrir a percepção direta da mente superior, permitindo que a consciência humana acesse os planos mais elevados de organização espiritual e compreenda sua existência sob uma perspectiva divina. Esse chakra não apenas revela a visão da alma sobre sua própria jornada, mas também permite que o indivíduo perceba o plano maior da Criação, onde todas as almas, eventos e aprendizados são vistos como partes integradas de uma inteligência cósmica em ação.

Ao contrário do terceiro olho, que fornece visão interior pessoal e simbólica, o chakra da visão divina amplia a percepção para além das camadas de tempo, espaço e forma. Ele permite acessar diretamente a matriz espiritual onde estão registrados os planos de evolução planetária, cósmica e individual, oferecendo uma compreensão mais clara sobre o papel de cada alma dentro desse contexto maior. Esse é o centro onde a mente da alma e a mente divina começam a fundir-se, proporcionando uma visão expandida e compassiva sobre cada experiência e escolha.

Fisicamente, esse chakra não possui ligação direta com órgãos ou sistemas corporais específicos, mas sua ativação influencia diretamente a glândula pineal e o córtex cerebral superior. Quando ativo, ele aprimora a capacidade do cérebro de captar informações sutis e decodificá-las em linguagem simbólica ou em compreensões súbitas, que surgem como downloads espirituais. Essa integração entre mente superior e mente física é essencial para que a visão divina não se torne abstrata ou desconectada da vida prática.

Em nível emocional, o chakra da visão divina dissolve medos relacionados à incerteza e ao desconhecido. A pessoa passa a perceber cada evento como parte de um fluxo organizado e intencional de aprendizado e expansão da consciência. Mesmo as experiências desafiadoras são reconhecidas como oportunidades cuidadosamente orquestradas para a evolução da alma, o que reduz significativamente os estados de ansiedade e resistência emocional. Esse centro também facilita a dissolução de julgamentos rígidos sobre si mesmo e sobre os outros, substituindo-os por uma visão mais compassiva e integrada.

Mentalmente, o chakra da visão divina expande a capacidade de síntese e compreensão global. A mente deixa de analisar eventos isoladamente e passa a enxergá-los como partes interconectadas de uma trama maior. Essa percepção holográfica permite que o indivíduo compreenda, por exemplo, que encontros casuais podem ter significados profundos, que dificuldades aparentemente injustas podem ser ajustes cármicos necessários e que os desejos da alma muitas vezes divergem dos desejos do ego, mas sempre servem a um propósito mais elevado. Esse nível de clareza reduz a confusão mental e a fragmentação de ideias, pois tudo é organizado dentro de uma visão ampla e unificadora.

Espiritualmente, o chakra da visão divina é a porta de acesso consciente aos registros akáshicos superiores, onde estão preservados os planos divinos para cada alma, cada coletivo e para o próprio planeta. Quando esse centro está aberto e equilibrado, a pessoa é capaz de acessar essas informações de forma direta, sem necessidade de intermediários, desenvolvendo um relacionamento íntimo e direto com sua própria fonte espiritual e com os conselhos superiores que acompanham sua jornada. Essa conexão direta fortalece a confiança interior, pois a pessoa não depende mais de validações externas para compreender sua direção espiritual.

Quando bloqueado ou subativado, o chakra da visão divina mantém a mente aprisionada em percepções fragmentadas e limitadas da realidade. A pessoa sente-se cega em relação ao seu propósito maior e ao significado das suas experiências. Isso gera confusão, angústia existencial e um sentimento de estar sendo vítima de forças aleatórias ou injustas. Sem acesso à visão divina, a mente permanece oscilando entre dúvidas e suposições, incapaz de perceber a coerência e a perfeição que permeiam cada experiência.

Um chakra da visão divina hiperativo pode levar a uma percepção excessiva de informações espirituais sem capacidade de integrá-las ou organizá-las. A pessoa pode se perder em visões caóticas, teorias conspiratórias ou interpretações paranóicas sobre sua própria jornada e a realidade ao seu redor. Essa hiperatividade pode causar excesso de imagens mentais, insônia espiritual e uma sensação de sobrecarga psíquica, como se a mente fosse inundada por informações impossíveis de processar.

Para harmonizar o chakra da visão divina em si mesmo, uma prática poderosa é a meditação de alinhamento com a mente superior. Sente-se confortavelmente, com a coluna ereta, olhos fechados e mãos repousando suavemente sobre as coxas. Visualize uma esfera de luz dourada brilhante cerca de sessenta centímetros acima da sua cabeça. Essa esfera representa seu ponto de conexão com a visão divina. Respire profundamente e imagine um fio sutil de luz dourada descendo dessa esfera até o topo da sua cabeça, penetrando pela coroa e descendo até o centro do peito. Com cada inspiração, permita que essa luz dourada preencha sua mente com clareza e compreensão. Com cada expiração, libere dúvidas, julgamentos e resistências mentais. Permaneça nesse fluxo por alguns minutos, permitindo que a mente superior reorganize suas percepções e alinhe sua visão interior com a visão da alma e do plano divino.

Para aplicar essa harmonização em outra pessoa, o terapeuta ou facilitador posiciona suas mãos cerca de sessenta centímetros acima da cabeça do receptor, ajustando sua percepção até localizar a pulsação energética característica do chakra da visão divina. Com as mãos posicionadas, visualiza-se uma corrente de luz dourada brilhante fluindo de planos superiores, atravessando suas mãos e penetrando suavemente no campo do receptor. Essa luz ativa e ajusta o chakra, dissolvendo bloqueios e permitindo que o receptor acesse sua própria visão divina. Durante o processo, o terapeuta pode sugerir ao receptor que visualize uma corrente dourada fluindo para seu coração e mente, unificando a visão intuitiva com o amor compassivo.

O uso de cristais é altamente recomendável para estabilizar esse chakra após a ativação. Pedras como azeztulita, quartzo dourado e moldavita têm ressonância direta com esse centro. Elas podem ser posicionadas acima da cabeça ou seguradas nas mãos durante a prática, auxiliando na recepção de informações e na estabilização da clareza espiritual que emerge.

O som é uma ferramenta poderosa para sintonizar e expandir esse centro. Sons vocálicos como o "AUM" entoado em tonalidade elevada criam uma ponte vibracional entre a mente concreta e a mente divina. Além disso, músicas com frequências de 963 Hz ou composições com cantos harmônicos de alta vibração auxiliam a abrir esse portal de percepção.

No cotidiano, práticas que incentivam a observação e a reflexão profunda fortalecem esse chakra. Observar padrões recorrentes nos próprios comportamentos e situações de vida, refletir sobre o significado oculto por trás de eventos aparentemente simples e questionar reações automáticas são formas eficazes de sintonizar esse centro com o fluxo de orientação divina. A prática de anotar sonhos e visões espontâneas e buscar os símbolos e mensagens ocultas nesses relatos também reforça a conexão com a visão superior.

A ativação consciente do chakra da visão divina é como abrir uma janela interna para o plano maior onde todas as peças da existência encontram seu lugar natural. A mente, antes condicionada a interpretar a realidade através de fragmentos isolados, começa a perceber a arquitetura invisível que sustenta cada experiência. Essa visão não é apenas uma ampliação intelectual ou mística, mas uma mudança no próprio modo de perceber a vida — cada escolha, cada encontro e cada desafio passa a ser enxergado como parte de uma sinfonia cuidadosamente composta, onde o propósito da alma e o desdobramento do divino dançam em harmonia.

Conforme esse centro se estabiliza, a angústia do não saber dá lugar a uma confiança serena, pois a consciência aprende a repousar na certeza de que há ordem, mesmo no aparente caos. Essa visão não nega o sofrimento ou os ciclos de aprendizado, mas os integra a um propósito mais elevado, dissolvendo o medo do desconhecido e transformando a própria existência em um campo de revelação contínua. A mente se expande, não para controlar ou prever, mas para observar e colaborar com inteligência e compaixão, aceitando que cada ponto de luz — cada alma — tece seu fio no grande tear cósmico.

Essa percepção divina não afasta a pessoa da experiência terrena; ao contrário, ela a devolve com mais inteireza e reverência à simplicidade da vida. Ao enxergar-se como um reflexo da própria mente criadora, o ser humano aprende a honrar suas dúvidas, seus aprendizados e suas buscas como expressões válidas do desdobramento divino. Caminha entre os dias com humildade e presença, sabendo que cada olhar lançado ao mundo é, ao mesmo tempo, o olhar do divino reconhecendo a si mesmo em cada forma e em cada instante.

Capítulo 15
Chakra da Harmonia Cósmica
(12º Chakra)

O chakra da harmonia cósmica, o décimo segundo centro energético, encontra-se aproximadamente setenta e cinco centímetros acima da cabeça, situando-se além da esfera pessoal e começando a interagir diretamente com o campo vibracional planetário e cósmico. Esse centro é responsável por sintonizar o campo energético individual com o fluxo natural das energias universais, promovendo um estado de ressonância entre o ser e a inteligência maior que rege os ciclos da vida, da natureza e do cosmos como um todo.

Diferentemente de chakras anteriores, que trabalham principalmente a evolução individual e a conexão com a alma pessoal, o chakra da harmonia cósmica integra a consciência individual com os fluxos coletivos e universais. Ele permite que a energia pessoal flua em harmonia com os ritmos cósmicos, conectando o ser à consciência planetária da Terra e à consciência galáctica das esferas superiores. É um ponto de sincronia, onde a vontade pessoal começa a alinhar-se naturalmente à vontade divina manifesta através dos grandes ciclos cósmicos.

Esse chakra não possui ligação direta com estruturas físicas, mas sua ativação influencia diretamente o ritmo biológico e energético do corpo, ajustando-o aos ciclos naturais de expansão e recolhimento, de ativação e repouso. Pessoas com esse centro ativado costumam perceber com mais clareza suas conexões com os ciclos lunares, solares e planetários, sentindo intuitivamente os momentos de agir, silenciar, criar ou liberar.

Em nível emocional, a ativação do chakra da harmonia cósmica promove um profundo senso de pertencimento, não apenas ao núcleo familiar ou à sociedade, mas à própria vida planetária e cósmica. O indivíduo deixa de sentir-se isolado ou separado do fluxo natural da criação, compreendendo-se como uma célula viva dentro do grande organismo universal. Essa percepção dissolve medos relacionados a perdas, mudanças e transformações inevitáveis, pois a consciência aprende a confiar no ritmo natural da existência.

Mentalmente, esse chakra dissolve a tendência a supercontrole e resistência às mudanças naturais da vida. A mente passa a operar em sintonia com os fluxos de transformação e renovação, aceitando cada ciclo como parte de um processo maior. Essa aceitação consciente reduz conflitos internos, ansiedade e o impulso de lutar contra o que não pode ser controlado, desenvolvendo uma entrega inteligente e ativa ao fluxo cósmico.

Espiritualmente, o chakra da harmonia cósmica é o ponto onde a consciência individual e coletiva começam a entrelaçar-se de forma consciente. Ele permite acessar diretamente as redes de consciência planetária e galáctica, facilitando comunicações e transmissões de frequências elevadas destinadas não apenas à evolução individual, mas à harmonização de grupos, coletivos e até regiões inteiras. Esse centro é essencial para os chamados trabalhadores da luz planetários, pois através dele suas intenções e ações individuais podem ser potencializadas por forças cósmicas muito maiores.

Quando bloqueado, esse chakra isola a consciência individual do fluxo maior da vida. A pessoa sente-se desconectada da natureza, dos ciclos e das forças cósmicas que sustentam a existência. Isso pode gerar uma sensação de deslocamento, como se estivesse sempre no lugar errado ou no momento errado, acompanhada por um sentimento de luta constante contra o fluxo natural dos acontecimentos. Essa desconexão também pode levar a uma visão excessivamente antropocêntrica, onde a pessoa acredita estar separada da natureza e desconectada da consciência planetária.

Quando hiperativo, esse chakra pode gerar uma sensibilidade exagerada aos fluxos cósmicos, fazendo com que a pessoa se sinta constantemente afetada por eventos astrais, tempestades solares, alinhamentos planetários ou mudanças energéticas coletivas. Essa hiperatividade pode desencadear crises de ansiedade espiritual, onde cada variação energética externa é percebida como uma ameaça pessoal, sobrecarregando o sistema nervoso e emocional.

Para harmonizar o chakra da harmonia cósmica em si mesmo, uma prática eficaz é a meditação de alinhamento com o fluxo universal. Sente-se confortavelmente, com a coluna ereta e os olhos fechados. Visualize uma esfera de luz violeta-pálido a aproximadamente setenta e cinco centímetros acima de sua cabeça. Essa esfera representa o ponto onde sua consciência individual toca a consciência cósmica. Respire profundamente, permitindo que um fio sutil de luz violeta desça dessa esfera, penetrando pelo topo da cabeça e descendo por toda sua coluna vertebral. A cada inspiração, sinta-se conectado aos ritmos cósmicos de expansão e recolhimento. A cada expiração, libere qualquer resistência ou necessidade de controle excessivo. Permita que sua respiração entre em ressonância natural com esse fluxo cósmico, ajustando seu ritmo interno ao pulso vivo da existência universal. Essa prática, realizada regularmente, ensina a consciência a confiar e a fluir com os ciclos da vida.

Para aplicar essa harmonização em outra pessoa, o terapeuta ou facilitador posiciona suas mãos a cerca de setenta e cinco centímetros acima da cabeça do receptor. A sensibilidade sutil permite perceber a pulsação energética característica desse chakra. Com as mãos alinhadas, o terapeuta visualiza uma corrente de luz violeta-pálido descendo do campo cósmico, atravessando suas mãos e preenchendo o campo áurico superior do receptor. Essa luz dissolve bloqueios, ajusta a frequência pessoal aos ciclos naturais e promove a sensação de pertencer ao fluxo da criação. O terapeuta pode sugerir ao receptor que visualize seu corpo respirando junto com o planeta, inspirando e expirando em sintonia com o pulso da Terra e do cosmos.

O uso de cristais é altamente recomendado para ancorar o alinhamento desse chakra. Pedras como ametista lavanda, sugilita e tanzanita ressoam diretamente com a frequência da harmonia cósmica e podem ser posicionadas acima da cabeça ou seguradas durante a prática. Esses cristais ajudam a estabilizar a conexão e a suavizar o processo de ajuste, tornando-o mais fluido e menos intenso para aqueles que estão começando a trabalhar conscientemente com os fluxos cósmicos.

O som é outra ferramenta poderosa para ativar e estabilizar esse centro. Sons de tigelas de cristal afinadas em frequências cósmicas e gravações de pulsares e sons naturais do espaço são particularmente eficazes. Sons vocálicos como o "Uhh" entoado suavemente ajudam a dissolver camadas de separação e resistência, permitindo que a mente e o corpo entrem em ressonância com o fluxo cósmico.

No cotidiano, cultivar práticas de conexão com os ciclos naturais fortalece esse chakra. Observar a lua e seus efeitos no próprio corpo e emoções, honrar as mudanças de estação com pequenos rituais de gratidão e adaptar as atividades diárias aos ritmos naturais de energia alta e baixa são formas práticas de manter esse centro alinhado. A prática regular de caminhar descalço, sentindo a pulsação da Terra, também fortalece essa conexão cósmica através do corpo físico.

O despertar consciente do chakra da harmonia cósmica revela, de maneira sutil e inevitável, que o próprio ser humano é uma nota dentro da vasta sinfonia da criação. Cada batimento cardíaco, cada ciclo de respiração e cada escolha vibram em sintonia com forças muito maiores, tecendo um diálogo constante entre a pequena história pessoal e os movimentos expansivos do universo. Essa consciência dissolvida no fluxo cósmico não retira a individualidade, mas a alinha, permitindo que a personalidade atue como expressão harmônica da melodia maior, em vez de uma tentativa isolada de compor sua própria canção desconexa.

Com esse centro em equilíbrio, a resistência aos ciclos naturais de nascimento, crescimento, morte e renascimento cede lugar a uma entrega consciente, onde cada fase da vida é honrada como parte indispensável de uma dança cósmica. A ansiedade frente ao desconhecido se dissolve porque a mente compreende, em seu nível mais profundo, que nada está fora de lugar e que cada transformação externa apenas reflete um movimento maior de ajuste e evolução. O ego aprende a confiar, não como uma rendição passiva, mas como uma colaboração ativa e respeitosa com os fluxos vivos do cosmos.

Ao integrar a harmonia cósmica no cotidiano, o ser humano se torna um ponto de encontro entre a consciência individual e a inteligência planetária, um elo consciente entre céu e terra. Cada gesto ganha profundidade por estar em sintonia com ritmos invisíveis que sustentam a vida. Caminhar, respirar, criar e silenciar tornam-se formas de meditação em movimento, onde o eu se dissolve e ressurge continuamente, fluindo com o pulso da criação. Nesse estado, viver é dançar com o universo — em entrega, reverência e pertencimento.

Capítulo 16
Chakra da Mente Superior
(13° Chakra)

O chakra da mente superior é o décimo terceiro centro energético e está localizado aproximadamente noventa centímetros acima da cabeça, ocupando uma posição estratégica no campo áurico expandido, onde a mente individual começa a fundir-se de forma mais direta com as camadas mais elevadas da inteligência cósmica. Esse centro atua como uma ponte entre a mente concreta, condicionada pelas experiências terrestres e lineares, e a mente divina, que opera por meio de conexões instantâneas, simbólicas e multidimensionais. A ativação desse chakra permite que a mente humana acesse diretamente ideias superiores, revelações espirituais e compreensões simbólicas que transcendem a lógica comum.

Diferente dos chakras inferiores, que processam emoções e necessidades pessoais, a mente superior opera como um receptor de informações provenientes da consciência coletiva superior e do campo akáshico planetário e cósmico. Esse chakra é responsável por decodificar informações em blocos de compreensão direta, permitindo que insights complexos sejam absorvidos instantaneamente, sem a necessidade de raciocínio linear. Esse é o centro de recepção direta de downloads espirituais, onde informações, símbolos e linguagens de luz podem ser incorporadas e traduzidas conforme a capacidade de integração da mente pessoal.

Fisicamente, o chakra da mente superior não possui uma conexão direta com órgãos ou sistemas específicos, mas influencia o funcionamento sutil da glândula pineal e a sincronização hemisférica do cérebro. Quando esse centro está ativo, há uma melhora perceptível na capacidade de resolver problemas complexos de forma intuitiva, uma clareza de pensamento expandida e uma capacidade crescente de captar informações e padrões que escapam à mente comum.

Em nível emocional, a ativação equilibrada desse chakra gera uma sensação profunda de confiança na própria capacidade de acessar respostas e compreensões diretamente da fonte espiritual. A ansiedade causada por dúvidas e incertezas diminui, pois a mente superior começa a operar como uma bússola interna segura, capaz de trazer clareza mesmo em situações de aparente confusão ou caos. Essa confiança intuitiva promove um estado de serenidade mental, onde a necessidade de validação externa é gradualmente substituída pela conexão direta com a sabedoria interior.

Mentalmente, o chakra da mente superior amplia a capacidade de pensar de forma simbólica e multidimensional. A mente deixa de funcionar de maneira estritamente linear e passa a operar de forma expandida, percebendo simultaneamente múltiplas camadas de significado em cada situação. A pessoa desenvolve uma capacidade de síntese incomum, unindo informações aparentemente desconexas e compreendendo suas interligações de forma intuitiva e espontânea. Essa ampliação da percepção mental também facilita a captação de ideias criativas e soluções inovadoras, muitas vezes percebidas como inspirações súbitas.

Espiritualmente, o chakra da mente superior é o ponto de acesso consciente à inteligência divina criadora. É por meio desse centro que a mente pessoal recebe e decodifica orientações diretamente da mente universal. Essa conexão permite que o indivíduo atue como um canal de transmissão de ideias superiores, tornando-se uma ponte entre planos elevados e o mundo material. Esse centro é particularmente importante para canalizadores, visionários, inventores e todos aqueles cuja missão envolve trazer para o plano físico ideias e tecnologias provenientes de esferas espirituais e civilizações superiores.

Quando bloqueado, o chakra da mente superior restringe a capacidade de captar informações sutis e insights espirituais. A mente fica presa em padrões lineares, limitando-se ao pensamento lógico e ao condicionamento cultural. Essa desconexão gera uma sensação de limitação mental e de incapacidade de encontrar soluções criativas ou novas perspectivas para desafios recorrentes. Há também uma tendência a buscar respostas exclusivamente em fontes externas, desconfiando da própria capacidade de acessar conhecimento diretamente da fonte espiritual.

Quando hiperativo, esse chakra pode gerar uma inundação de informações desconexas e não integradas. A pessoa pode se sentir sobrecarregada por visões, ideias e mensagens fragmentadas, sem conseguir organizá-las ou traduzi-las em ações práticas. Essa hiperatividade pode causar insônia, ansiedade mental e uma sensação de estar constantemente recebendo informações, sem espaço para processá-las ou discernir sua origem e relevância.

Para harmonizar o chakra da mente superior em si mesmo, uma prática eficaz é a meditação de recepção consciente de ideias superiores. Sente-se confortavelmente, com a coluna ereta e os olhos fechados. Visualize uma esfera de luz azul profundo brilhando a cerca de noventa centímetros acima de sua cabeça. Respire profundamente e imagine que um fio de luz azul desce dessa esfera e toca o topo da sua cabeça, ativando suavemente sua glândula pineal. Com cada inspiração, essa luz azul flui para sua mente, preenchendo-a com clareza e silêncio. Com cada expiração, libere pensamentos repetitivos, crenças limitantes e qualquer dúvida sobre sua capacidade de receber informações diretamente da fonte superior. Permaneça nesse fluxo de recepção e liberação, permitindo que sua mente superior e sua mente concreta se ajustem e se fundam em harmonia.

Para aplicar essa harmonização em outra pessoa, o terapeuta ou facilitador posiciona suas mãos cerca de noventa centímetros acima da cabeça do receptor, ajustando sua percepção sutil até localizar a pulsação característica do chakra da mente superior. Visualiza-se então uma corrente de luz azul profundo fluindo do plano superior, atravessando as mãos do terapeuta e penetrando suavemente no campo áurico do receptor. Essa luz ativa e organiza o chakra, dissolvendo bloqueios e ajustando a frequência da mente pessoal à mente superior. Durante o processo, o terapeuta pode sugerir que o receptor visualize sua mente expandindo-se como uma tela azul infinita, pronta para receber símbolos, imagens e ideias superiores.

O uso de cristais é altamente recomendável para estabilizar esse chakra após a ativação. Pedras como lápis-lazúli, cianita azul e azurita ressoam diretamente com a mente superior e podem ser posicionadas acima da cabeça ou seguradas durante a prática. Esses cristais atuam como antenas e estabilizadores, facilitando a recepção de informações superiores sem sobrecarga.

O som é uma ferramenta poderosa para sintonizar e harmonizar esse centro. Sons vocálicos como o "Iiii", entoado suavemente, ajudam a ativar a conexão entre mente concreta e mente superior. Frequências sonoras de 852 Hz, associadas à intuição e à reprogramação mental superior, também podem ser utilizadas para ajustar e estabilizar esse centro durante sessões individuais ou meditações pessoais.

No cotidiano, cultivar práticas de escrita intuitiva e momentos de silêncio mental consciente fortalece a conexão com esse chakra. Reservar alguns minutos diários para simplesmente observar os pensamentos sem julgá-los, permitindo que ideias espontâneas surjam sem censura, fortalece o canal de recepção da mente superior. Práticas criativas, como desenho automático ou improvisação artística, também estimulam essa conexão, pois liberam o fluxo intuitivo sem interferência da mente analítica.

A ativação consciente e equilibrada do chakra da mente superior não apenas amplia o horizonte perceptivo do indivíduo, mas transforma profundamente sua forma de se relacionar com o conhecimento e com a própria existência. Ao se abrir para esse fluxo direto de ideias e compreensões provenientes da inteligência cósmica, a mente aprende a confiar em insights que surgem sem prévia elaboração, reconhecendo-os como mensagens legítimas da sua conexão com o Todo. Esse processo de sutilização do pensamento permite que a mente concreta e a mente superior passem a atuar em parceria, unindo clareza analítica e sabedoria intuitiva em um movimento harmônico e contínuo.

Com o tempo, essa integração entre mente pessoal e mente superior se reflete não apenas na qualidade dos pensamentos, mas também na maneira como o indivíduo enxerga sua própria jornada e suas contribuições para o mundo. A percepção de que cada ideia ou inspiração é parte de um fluxo maior de inteligência universal dissolve o ego rígido e convida à humildade criativa, onde cada insight é honrado como um presente compartilhado entre planos. Essa postura interna abre espaço para criações mais alinhadas com o bem coletivo e para uma atuação no mundo guiada por um senso claro de propósito e serviço.

Assim, o chakra da mente superior se revela não apenas como um portal para o conhecimento espiritual, mas como uma ferramenta essencial para a construção de uma nova mentalidade planetária, onde o pensamento intuitivo e a sabedoria multidimensional se tornam alicerces de uma nova forma de viver e criar. Ao harmonizar esse centro, o indivíduo passa a atuar como ponte viva entre as esferas sutis e o cotidiano, trazendo ao mundo vislumbres de uma inteligência amorosa e vasta, sempre presente e disponível para aqueles que ousam escutar além do ruído da mente comum.

Capítulo 17
Chakra da Expressão Divina
(14º Chakra)

O chakra da expressão divina é o décimo quarto centro energético e encontra-se cerca de um metro acima da cabeça, posicionando-se como uma ponte vibracional entre a mente superior e a capacidade criadora do ser. Ele representa o ponto onde a intenção divina se traduz em verbo criador e manifestação consciente. Diferente do chakra laríngeo, que expressa a verdade pessoal no plano humano, o chakra da expressão divina é a porta onde a vontade da alma se alinha com a vontade divina e se torna uma força de cocriação direta na realidade. É por meio desse centro que as palavras, pensamentos e intenções ganham poder vibracional suficiente para moldar não apenas a própria realidade, mas influenciar harmoniosamente o campo coletivo.

Esse chakra é ativado progressivamente conforme a consciência do ser deixa de operar em função de desejos e necessidades egóicas e passa a expressar-se em sintonia com os propósitos mais elevados da alma e com as diretrizes da inteligência cósmica. É nesse ponto que a palavra, falada ou mentalizada, transcende o nível pessoal e torna-se um instrumento de alinhamento entre planos superiores e a matéria. A ativação plena desse centro é uma característica presente em mestres espirituais, curadores conscientes e canalizadores que operam diretamente a partir da intenção sagrada, reconhecendo a responsabilidade vibracional de cada palavra e pensamento emitidos.

Fisicamente, o chakra da expressão divina não possui uma correspondência direta com órgãos, pois sua atuação transcende o corpo físico. No entanto, sua influência sutil pode ser percebida na qualidade da voz, na clareza da comunicação intuitiva e na força vibracional presente nas palavras pronunciadas. Quando equilibrado, esse centro permite que a expressão verbal e mental seja carregada de coerência energética, onde intenção, palavra e ação tornam-se uma única força fluida e criadora.

Em nível emocional, a ativação do chakra da expressão divina dissolve o medo de expressar a verdade essencial da alma. O indivíduo deixa de temer julgamentos externos e assume sua capacidade de falar e criar a partir do núcleo de sua essência espiritual. Esse alinhamento emocional traz uma profunda sensação de liberdade interior, pois a expressão deixa de ser filtrada por camadas de autocensura ou pela necessidade de agradar, e passa a refletir diretamente a sabedoria da alma.

Mentalmente, esse chakra reorganiza a estrutura de pensamento para que ela se torne um canal limpo para a transmissão da inteligência divina. Pensamentos repetitivos, autossabotagem verbal e crenças limitantes sobre o próprio poder criador são gradualmente dissolvidos à medida que a mente aprende a silenciar e abrir espaço para a recepção de palavras e comandos vibracionais diretamente da mente superior. Essa clareza mental permite que afirmações, orações e comandos criadores sejam emitidos com plena consciência de seu impacto vibracional, evitando dispersão ou contradição energética.

Espiritualmente, o chakra da expressão divina é o ponto onde o verbo criador interno, a palavra sagrada, começa a atuar diretamente sobre a realidade multidimensional. Esse é o centro onde mantras, decretos, afirmações e comandos de cura são emitidos com força cocriadora consciente, ajustando não apenas o campo pessoal, mas afetando diretamente os campos coletivos e planetários. Trabalhadores da luz que operam em nível planetário utilizam esse chakra para emitir comandos vibracionais que dissolvem padrões negativos no inconsciente coletivo e reprogramam a matriz energética da humanidade.

Quando bloqueado ou enfraquecido, o chakra da expressão divina impede que a pessoa reconheça seu próprio poder criador. As palavras e pensamentos tornam-se desconectados da essência da alma, refletindo apenas medos, condicionamentos e crenças limitantes. Esse bloqueio gera uma sensação de impotência, como se o indivíduo falasse e nada acontecesse, ou como se suas orações e afirmações não tivessem efeito algum. Essa desconexão é frequentemente acompanhada por autossabotagem verbal, onde a pessoa afirma o que não deseja e reforça seus próprios bloqueios através de palavras e pensamentos desajustados.

Quando hiperativo, esse chakra pode gerar uma expressão verbal descontrolada, onde palavras são emitidas sem consciência de seu impacto vibracional. A pessoa pode se tornar excessivamente opinativa, impondo suas crenças e visões de forma agressiva ou manipuladora, sem perceber como suas palavras afetam o campo energético alheio. Essa hiperatividade pode causar exaustão vibracional, pois o fluxo constante de palavras e comandos desajustados consome energia vital, desconectando a pessoa de seu eixo central.

Para harmonizar o chakra da expressão divina em si mesmo, uma prática poderosa é a meditação de alinhamento verbo-intenção. Sente-se confortavelmente, com a coluna ereta e os olhos fechados. Visualize uma esfera de luz púrpura brilhante cerca de um metro acima da sua cabeça. Essa esfera pulsa suavemente e emite uma vibração sonora sutil, como um canto primordial. Respire profundamente e visualize um fio de luz púrpura descendo dessa esfera até o centro da sua garganta, conectando o chakra da expressão divina ao seu chakra laríngeo. Com cada inspiração, a luz púrpura expande-se pelo seu campo áurico, harmonizando sua voz interior e dissolvendo qualquer medo ou hesitação em expressar sua verdade espiritual. Com cada expiração, libere palavras, pensamentos e crenças desalinhadas que possam estar interferindo na sua manifestação consciente. Permaneça nesse fluxo por alguns minutos, sentindo sua voz interior tornar-se cada vez mais clara e alinhada com a intenção da sua alma.

Para aplicar essa harmonização em outra pessoa, o terapeuta ou facilitador posiciona suas mãos cerca de um metro acima da cabeça do receptor, ajustando sua percepção sutil até encontrar a pulsação vibracional do chakra da expressão divina. Com as mãos sintonizadas, visualiza-se uma corrente de luz púrpura brilhante descendo de planos superiores, atravessando suas mãos e preenchendo suavemente o campo áurico superior do receptor. Essa luz dissolve bloqueios e realinha o fluxo verbal-intuitivo, ajustando a expressão consciente do receptor à sua verdade espiritual. Durante o processo, o terapeuta pode sugerir ao receptor que visualize suas palavras transformando-se em filamentos de luz que moldam sua realidade em perfeita harmonia com seu propósito divino.

O uso de cristais é altamente recomendado para estabilizar esse chakra. Pedras como ametista, charoíta e sugilita ressoam diretamente com a frequência da expressão divina e podem ser posicionadas acima da cabeça ou seguradas durante o processo de harmonização. Esses cristais amplificam a clareza vibracional da expressão e ajudam a dissolver padrões de autossabotagem verbal.

O som é uma ferramenta essencial para ativar esse chakra. Sons vocálicos como o "Aaahh" entoado em tom elevado, com intenção de alinhamento espiritual, ajudam a liberar bloqueios e ajustar a frequência da expressão à vibração da alma. Mantras de ativação, como "Eu Sou a Voz da Luz", entoados repetidamente com presença e intenção, programam o chakra para que sua expressão seja sempre coerente com a verdade da alma.

No cotidiano, praticar a fala consciente e a observação das palavras emitidas fortalece esse centro. Antes de cada afirmação ou pensamento verbalizado, pergunte-se: "Essa palavra cria o que minha alma deseja manifestar?" Esse exercício constante treina a mente e a voz a trabalharem em sintonia, eliminando expressões automáticas e fortalecendo a manifestação consciente.

A ativação progressiva do chakra da expressão divina conduz o ser a um estado em que palavra, intenção e manifestação se tornam um só fluxo coerente, refletindo a harmonia entre alma e universo. À medida que esse centro se expande e se purifica, a voz interior ganha uma ressonância clara e segura, capaz de moldar a realidade com precisão e leveza. Nesse estado de alinhamento, cada palavra emitida, seja em silêncio ou em som, torna-se uma semente de criação consciente, onde o verbo não apenas descreve o mundo, mas participa ativamente de sua construção, como uma extensão natural da vontade divina.

Esse processo de fusão entre expressão pessoal e expressão divina dissolve a dualidade entre desejo individual e propósito maior, permitindo que o ser se reconheça como cocriador consciente dentro da sinfonia universal. As palavras deixam de ser apenas veículos de comunicação e passam a ser filamentos de luz que tecem a própria matriz da realidade, ajustando frequências, abrindo caminhos e ativando memórias espirituais adormecidas. Expressar-se torna-se, então, um ato de serviço sagrado, onde cada frase é impregnada de consciência e responsabilidade, refletindo a integridade do ser em sua jornada de autorrealização.

Com o chakra da expressão divina em plena atividade, o indivíduo experimenta um estado de congruência vibracional, onde pensar, sentir, falar e agir fluem como um único gesto sagrado. Esse alinhamento interno cria uma presença magnética, onde a simples vibração da voz carrega códigos e frequências capazes de inspirar, curar e transformar não apenas o próprio caminho, mas também o ambiente e as consciências ao redor. Assim, a expressão divina torna-se não apenas uma habilidade ou prática, mas uma forma de existência, onde ser, expressar e cocriar se entrelaçam em uma dança contínua de luz e propósito.

Capítulo 18
Chakra do Equilíbrio Multidimensional
(15° Chakra)

O chakra do equilíbrio multidimensional é o décimo quinto centro energético e encontra-se aproximadamente a um metro e vinte centímetros acima da cabeça, posicionando-se na fronteira entre o campo áurico pessoal e as camadas mais sutis da consciência interdimensional. Esse chakra tem como principal função alinhar, harmonizar e sincronizar os diversos corpos sutis – físico, etérico, astral, mental, espiritual e causal – promovendo um estado de coesão vibracional onde cada camada do ser interage de maneira fluida e coerente com as demais. Além disso, é por meio desse centro que as diferentes expressões da alma em múltiplas dimensões e linhas de tempo começam a se alinhar, permitindo a integração consciente de aspectos fragmentados da própria essência.

Enquanto os chakras inferiores cuidam da sustentação física, emocional e mental da existência terrena, e os chakras superiores conectam a consciência aos planos divinos e cósmicos, o chakra do equilíbrio multidimensional funciona como uma ponte que garante que toda essa vasta rede de informações e frequências se organize de forma estável e coesa dentro do ser encarnado. Esse centro é responsável por harmonizar as diferentes frequências provenientes de vidas passadas, paralelas e futuras, ajustando-as ao momento presente e prevenindo distorções ou sobrecargas no sistema energético.

Fisicamente, esse chakra não se conecta diretamente a nenhum órgão específico, mas sua influência sobre o campo áurico se reflete na estabilidade geral do sistema nervoso e na capacidade do corpo físico de adaptar-se a mudanças frequenciais. Pessoas com esse chakra equilibrado costumam apresentar maior capacidade de lidar com alterações energéticas no ambiente, sejam elas causadas por eventos astrais, ciclos planetários ou interações com campos energéticos de outras pessoas. O corpo físico, nesses casos, se ajusta com mais facilidade às frequências superiores, evitando sintomas como fadiga inexplicável, vertigens ou sensações de deslocamento.

Em nível emocional, o chakra do equilíbrio multidimensional promove uma sensação de integridade interior. A pessoa deixa de sentir-se fragmentada entre desejos conflitantes ou impulsos contraditórios, pois esse centro harmoniza as diferentes vozes internas – do ego, da alma e do Eu Superior – promovendo uma integração natural entre todos os aspectos do ser. Essa coesão interna reflete-se em uma estabilidade emocional crescente, onde reações automáticas e desproporcionais são substituídas por respostas conscientes e centradas.

Mentalmente, esse chakra dissolve gradualmente as barreiras entre a mente linear e a percepção multidimensional. A pessoa passa a captar informações e insights de diferentes linhas de tempo e planos de existência, mas de forma organizada e harmoniosa. Isso permite acessar memórias de vidas passadas, paralelas ou futuras sem a sensação de sobrecarga ou confusão, pois o chakra do equilíbrio multidimensional atua como um filtro que organiza e integra essas informações dentro do contexto da vida atual. Essa habilidade é especialmente útil para terapeutas de vidas passadas, leitores de registros akáshicos e canalizadores que trabalham com informações multidimensionais.

Espiritualmente, esse chakra é o ponto onde a consciência individual começa a perceber-se como uma entidade multidimensional, existente simultaneamente em diversas realidades e dimensões. Essa percepção não é teórica, mas experiencial, onde momentos de insight profundo revelam ao indivíduo a interconexão entre suas escolhas atuais e suas expressões em outros planos de existência. Esse centro facilita a comunicação consciente entre a personalidade encarnada e suas extensões superiores e paralelas, permitindo que informações, talentos e aprendizados de outras dimensões fluam para a consciência presente, enriquecendo a jornada atual.

Quando bloqueado, o chakra do equilíbrio multidimensional gera uma desconexão entre os diferentes corpos sutis, resultando em uma sensação de fragmentação interna. A pessoa pode sentir-se dividida entre desejos e impulsos contraditórios, ou experimentar confusão e dificuldade em entender a própria essência. Em casos mais extremos, esse bloqueio pode gerar uma desconexão parcial entre o corpo físico e os corpos sutis, manifestando-se como sensação de vazio interior, apatia espiritual e uma constante busca externa por preenchimento.

Quando hiperativo, esse chakra pode causar uma inundação de informações multidimensionais que o sistema energético inferior não consegue processar. A pessoa pode ser bombardeada por memórias de vidas passadas, visões de realidades paralelas e sensações de estar simultaneamente em vários lugares e tempos, sem conseguir organizar ou entender essas percepções. Essa hiperatividade pode gerar ansiedade extrema, insônia, dificuldade de concentração e sensação de deslocamento constante, como se o presente se tornasse fluido e instável.

Para harmonizar o chakra do equilíbrio multidimensional em si mesmo, uma prática essencial é a meditação de alinhamento interdimensional. Sente-se confortavelmente, com a coluna ereta e os olhos fechados. Visualize uma esfera de luz rosa-claro cerca de um metro e vinte centímetros acima da sua cabeça. Essa esfera representa o ponto de convergência de todas as suas expressões multidimensionais. Respire profundamente, imaginando um fio sutil de luz rosa descendo dessa esfera e tocando suavemente o topo da sua cabeça. Com cada inspiração, permita que essa luz preencha todos os seus corpos sutis, descendo pelo canal central e espalhando-se em todas as direções. Com cada expiração, visualize qualquer fragmento energético desalinhado ou perdido sendo suavemente atraído de volta para essa esfera de luz, onde é purificado e reintegrado. Permaneça nesse fluxo por alguns minutos, sentindo seu campo energético tornar-se coeso e harmônico, como uma única sinfonia vibracional.

Para aplicar essa harmonização em outra pessoa, o terapeuta ou facilitador posiciona suas mãos cerca de um metro e vinte centímetros acima da cabeça do receptor, sintonizando-se até perceber a pulsação sutil desse chakra. Visualiza-se então uma corrente de luz rosa-claro descendo das esferas superiores, atravessando as mãos do terapeuta e preenchendo suavemente o campo áurico do receptor. Essa luz circula por todos os corpos sutis, ajustando e recalibrando a frequência de cada camada para que todas operem em harmonia. Durante o processo, o terapeuta pode sugerir ao receptor que visualize seu campo energético como uma esfera unificada de luz, onde passado, presente e futuro coexistem em perfeita harmonia.

O uso de cristais é altamente recomendado para estabilizar esse chakra após a ativação. Pedras como quartzo rosa, kunzita e morganita ressoam diretamente com a frequência desse centro e podem ser posicionadas acima da cabeça ou seguradas durante a prática. Esses cristais ajudam a ancorar o alinhamento multidimensional e a suavizar a integração de informações e frequências de outras realidades.

O som é uma ferramenta poderosa para harmonizar esse centro. Sons vocálicos como o "Mmmm" entoado suavemente ajudam a ancorar a percepção multidimensional no presente. Músicas compostas com frequências de 741 Hz ou sons de campos eletromagnéticos cósmicos são especialmente eficazes para ajustar esse centro durante práticas meditativas.

No cotidiano, cultivar momentos de silêncio consciente, onde a mente observa sem interpretar, fortalece esse chakra. Registrar sonhos, visões e insights intuitivos e observar suas conexões com eventos e sentimentos do presente ajuda a mente linear a aceitar e integrar a percepção multidimensional como parte natural da vida. Honrar a própria história de alma e reconhecer-se como um ser em evolução contínua fortalece esse centro, criando uma ponte estável entre a personalidade encarnada e suas múltiplas expressões espirituais.

Esse chakra, quando plenamente integrado, não apenas organiza as múltiplas camadas do ser, mas revela a beleza da existência como uma tapeçaria vibracional em constante movimento. Cada pensamento, cada emoção e cada escolha passam a ser compreendidos como reflexos de uma dança maior, onde diferentes versões do próprio ser ecoam em sincronia através do tempo e do espaço. Essa percepção traz consigo um senso profundo de pertencimento cósmico, onde a linha entre o eu individual e o eu multidimensional se dissolve, abrindo caminho para uma identidade espiritual que abraça todas as suas manifestações com amor e reconhecimento.

A estabilidade promovida por esse centro permite que o ser transite entre planos e dimensões sem perder seu eixo ou sua clareza interior. Essa fluidez consciente não significa fuga da realidade presente, mas a capacidade de ancorar, no aqui e agora, sabedorias, dons e compreensões colhidas em outras esferas de existência. A vida cotidiana deixa de ser vista como um evento isolado e passa a ser reconhecida como o ponto de convergência de uma história maior, onde cada experiência é uma oportunidade de reunir fragmentos dispersos e tecer, com lucidez e presença, o caminho de volta à unidade essencial.

Com o chakra do equilíbrio multidimensional em harmonia, o indivíduo torna-se um ponto de convergência vivo entre realidades, um farol vibracional capaz de irradiar essa estabilidade aos ambientes e às pessoas ao seu redor. Sua simples presença passa a transmitir uma sensação de coerência e calma, pois seu campo energético organizado age como um espelho que lembra aos outros a possibilidade de integrarem suas próprias dimensões internas. Assim, o equilíbrio multidimensional deixa de ser uma experiência apenas pessoal e se torna um ato de serviço silencioso, contribuindo para a evolução coletiva e para o realinhamento consciente da humanidade com seu propósito maior.

Capítulo 19
Chakra da Iluminação (16º Chakra)

O chakra da iluminação, décimo sexto centro energético, encontra-se aproximadamente um metro e meio acima da cabeça, posicionado além do campo áurico convencional e conectado diretamente às correntes de luz dourada que fluem das esferas da consciência divina. Esse chakra marca o início da fusão consciente entre o ser humano encarnado e a inteligência divina pura. É por meio desse centro que o corpo de luz superior começa a ser plenamente ativado, permitindo que o indivíduo sustente, no plano físico, frequências que antes só podiam ser acessadas durante estados meditativos profundos ou em experiências fora do corpo.

Esse centro representa a conexão direta com o campo da consciência crística, a matriz dourada de iluminação que permeia todo o cosmos e que contém a assinatura vibracional de todas as almas em seu estado original de pureza. Ao ser ativado, o chakra da iluminação dissolve as últimas camadas de separação entre o Eu Superior e a personalidade encarnada, permitindo que a luz divina flua sem restrições para todos os corpos sutis e para a própria consciência diária. É esse chakra que prepara o ser para a vivência plena da ascensão em corpo físico, onde o divino e o humano passam a coexistir em unidade consciente.

Esse centro não tem ligação direta com órgãos ou sistemas físicos, mas sua ativação provoca ajustes profundos no sistema nervoso central, na glândula pineal e no campo eletromagnético do coração. A presença de altas frequências douradas no campo pessoal cria uma expansão significativa da aura, ampliando seu alcance para além da esfera pessoal e conectando-a diretamente às redes planetárias e galácticas de consciência. Essa expansão é sentida fisicamente como uma leve pressão na região do topo da cabeça, acompanhada por formigamentos ou calor suave que percorre toda a coluna.

Em nível emocional, o chakra da iluminação dissolve medos existenciais relacionados à morte, ao sofrimento e à separação do divino. A pessoa passa a vivenciar um estado contínuo de confiança e entrega, onde cada experiência é compreendida como uma manifestação direta da inteligência divina guiando sua evolução. Esse estado de confiança absoluta não é passivo, mas sim uma rendição ativa e consciente, onde a personalidade aprende a cooperar com a vontade superior, sem resistência ou controle.

Mentalmente, esse chakra dissolve as últimas camadas de crenças limitantes relacionadas à identidade pessoal e à separação entre criador e criatura. A mente linear é gradualmente reconfigurada para operar como uma extensão da mente divina, capaz de sustentar visões e compreensões que transcendem a lógica dualista. Essa expansão mental permite que a consciência perceba simultaneamente a realidade pessoal e coletiva, compreendendo a interligação entre todas as almas e todas as experiências.

Espiritualmente, o chakra da iluminação é o portal direto para a consciência solar crística, a frequência matriz da iluminação divina. A ativação plena desse centro permite que a luz dourada do sol central galáctico flua diretamente para o campo energético pessoal, iniciando o processo de transfiguração vibracional onde cada célula, cada átomo e cada memória são reconfigurados para sustentar e irradiar luz divina. Esse processo é o verdadeiro significado da iluminação em corpo físico: não uma fuga do mundo material, mas a fusão plena entre espírito e matéria, onde o corpo torna-se um templo vivo da consciência divina.

Quando bloqueado, o chakra da iluminação impede que as frequências superiores de luz penetrem no campo pessoal. Isso mantém a pessoa presa em ciclos de busca espiritual externos, onde o divino é sempre projetado como algo distante ou inalcançável. Esse bloqueio gera uma sensação constante de desconexão, mesmo quando práticas espirituais são realizadas regularmente, pois a luz superior não consegue ancorar-se de forma estável no campo pessoal.

Quando hiperativo, esse chakra pode inundar o sistema energético com frequências superiores que o corpo físico e os corpos sutis ainda não estão preparados para sustentar. Isso pode causar sintomas de sobrecarga espiritual, como dores de cabeça intensas, insônia espiritual, hipersensibilidade energética e uma sensação de estar constantemente fora de sincronia com o ambiente físico. Essa hiperatividade pode ocorrer quando a ativação é forçada ou quando há uma busca impaciente por estados de iluminação sem a preparação adequada nos chakras inferiores.

Para harmonizar o chakra da iluminação em si mesmo, uma prática essencial é a meditação de absorção da luz dourada. Sente-se confortavelmente, com a coluna ereta e os olhos fechados. Visualize uma esfera de luz dourada brilhante cerca de um metro e meio acima de sua cabeça. Essa esfera emana pulsos suaves de luz, como um sol interior irradiando sua essência para o seu campo energético. Respire profundamente, permitindo que essa luz dourada flua lentamente para o topo da sua cabeça, penetrando sua coroa e descendo pela coluna central até o centro do coração. Com cada inspiração, visualize essa luz dourada preenchendo cada célula do seu corpo. Com cada expiração, libere qualquer resistência ou medo de incorporar plenamente sua própria luz divina. Permaneça nesse fluxo, sentindo sua consciência expandir e sua mente silenciar, até perceber-se como parte inseparável dessa luz dourada.

Para aplicar essa harmonização em outra pessoa, o terapeuta ou facilitador posiciona suas mãos cerca de um metro e meio acima da cabeça do receptor, ajustando sua percepção sutil até localizar a pulsação vibracional característica desse chakra. Visualiza-se então uma corrente de luz dourada descendo diretamente da matriz solar crística, atravessando suas mãos e preenchendo suavemente o campo áurico superior do receptor. Essa luz dourada desce lentamente pelo canal central do receptor, preenchendo cada camada do seu ser com a frequência da iluminação. Durante esse processo, o terapeuta pode sugerir que o receptor visualize sua própria essência como uma chama dourada brilhando em seu coração, irradiando essa luz para todas as direções.

O uso de cristais é altamente recomendado para ancorar essa frequência após a ativação. Pedras como ouro quartzo, azeztulita dourada e citrino natural ressoam diretamente com o chakra da iluminação e podem ser posicionadas acima da cabeça ou seguradas nas mãos durante a prática. Esses cristais ajudam a estabilizar a frequência dourada no corpo físico, facilitando a integração progressiva da luz superior.

O som é uma ferramenta poderosa para ativar esse centro. Sons vocálicos como o "AUM" entoado em tom dourado e profundo ajudam a ajustar o campo vibracional e a preparar o sistema energético para receber a luz da consciência crística. Músicas com frequências de 963 Hz ou composições com cantos sagrados solares são particularmente eficazes para manter esse centro ativo e harmonizado.

No cotidiano, cultivar a consciência de que cada pensamento, palavra e ação é uma expressão direta da sua luz divina fortalece esse chakra. Criar momentos diários de silêncio interior, onde a mente se alinha intencionalmente com a mente divina e a personalidade se rende à vontade superior, reforça essa conexão. Praticar gratidão consciente pelo próprio processo de despertar, reconhecendo que cada desafio é uma oportunidade de incorporar mais luz, é uma forma simples e poderosa de manter o fluxo de iluminação constante.

Com a ativação progressiva do chakra da iluminação, a própria experiência de ser humano se transforma em um ato de revelação divina, onde cada instante vivido se torna um reflexo da luz essencial que habita o centro do ser. A busca por respostas externas cede lugar à escuta silenciosa da sabedoria interna, e o divino deixa de ser um conceito distante para tornar-se uma presença viva, pulsando em cada célula, em cada pensamento e em cada olhar lançado ao mundo. Essa fusão entre matéria e espírito, entre o humano e o sagrado, inaugura uma nova forma de existir, onde cada gesto carrega a lembrança de sua origem luminosa.

Nesse estado de consciência expandida, o cotidiano se revela como um templo em constante movimento, onde o simples ato de respirar, caminhar ou falar passa a ser impregnado de significado sagrado. A mente iluminada compreende que a separação entre o espiritual e o material é uma ilusão sustentada pelo esquecimento, e que cada momento é uma oportunidade de devolver à matéria a sua verdadeira natureza divina. Assim, a iluminação deixa de ser um destino longínquo e passa a ser uma prática viva, renovada a cada pensamento alinhado, a cada escolha consciente e a cada ato impregnado de presença amorosa.

Com o chakra da iluminação plenamente integrado, o indivíduo torna-se um ponto de ancoragem da luz crística no plano físico, irradiando frequências que não apenas transformam sua própria realidade, mas reverberam no campo coletivo como um convite silencioso ao despertar. Sua simples presença recorda aos que o cercam a verdade esquecida de sua própria natureza luminosa. Dessa forma, a iluminação pessoal transcende o ego e torna-se serviço — uma oferta espontânea de luz e consciência a toda humanidade, que caminha, passo a passo, rumo ao mesmo reencontro sagrado com sua essência divina.

Capítulo 20
Chakra da Sabedoria Estelar
(17º Chakra)

O chakra da sabedoria estelar, décimo sétimo centro energético, encontra-se aproximadamente a um metro e oitenta centímetros acima da cabeça. Este chakra é um ponto de convergência entre a consciência pessoal da alma e os registros da memória cósmica acumulada ao longo de incontáveis encarnações, não apenas no planeta Terra, mas em outros sistemas estelares e planos de existência. É nesse centro que o ser humano desperto acessa, de forma consciente e ordenada, a sabedoria estelar, a linguagem de luz e as memórias ancestrais que compõem a matriz de sua própria existência multidimensional.

Esse chakra atua como uma biblioteca cósmica pessoal, onde cada experiência vivida em qualquer tempo ou dimensão é registrada e preservada como parte do aprendizado contínuo da alma. Sua ativação permite o acesso direto aos registros akáshicos estelares e aos bancos de memória coletiva de civilizações espiritualmente evoluídas. Esse fluxo de sabedoria superior não chega como conhecimento linear ou verbal, mas como blocos de informação codificada em forma de símbolos, frequências e impressões energéticas que são gradualmente decodificadas pela mente superior.

Fisicamente, o chakra da sabedoria estelar não possui conexão direta com órgãos ou sistemas biológicos, mas sua ativação afeta significativamente a glândula pineal e a capacidade de perceber informações sutis por meio de canais como clarividência, clariaudiência e clarecognição. A atividade dessa ponte cósmica também amplia a percepção do corpo de luz, tornando a aura mais expansiva e facilitando a captação de informações provenientes de guias estelares e conselhos de luz.

Em nível emocional, a ativação desse chakra dissolve medos primários relacionados ao desconhecido, à origem da alma e ao propósito existencial. O indivíduo começa a perceber-se como uma consciência eterna em constante jornada, onde cada experiência, por mais desafiadora que pareça, é uma peça essencial no mosaico de aprendizado e expansão da própria alma. Esse reconhecimento gera um profundo estado de paz interior e uma confiança crescente na orientação superior que guia cada etapa do caminho evolutivo.

Mentalmente, esse chakra expande a capacidade de captar, processar e organizar informações multidimensionais. A mente concreta, quando harmonizada com esse centro, passa a funcionar como uma interface entre a consciência linear e a memória cósmica. Isso permite que o indivíduo compreenda instantaneamente conexões entre eventos aparentemente desconexos, perceba padrões de aprendizado que se repetem ao longo de diferentes vidas e decodifique símbolos e linguagens de luz que chegam diretamente do campo estelar.

Espiritualmente, o chakra da sabedoria estelar é o portal direto para as fraternidades cósmicas de luz, os conselhos estelares e os registros universais de evolução coletiva. Esse centro permite que o indivíduo receba orientações e ensinamentos diretamente dessas esferas superiores, sem necessidade de intermediários. Essa conexão direta com a sabedoria cósmica é uma das marcas dos chamados mestres estelares encarnados, aqueles cuja missão inclui trazer para a humanidade conhecimentos e tecnologias espirituais provenientes de civilizações avançadas.

Quando bloqueado, o chakra da sabedoria estelar impede o acesso consciente às memórias cósmicas e à orientação superior. A pessoa sente-se desconectada de sua origem estelar e de seu propósito maior, ficando presa em visões limitadas e exclusivamente terrenas da realidade. Esse bloqueio gera uma sensação de isolamento cósmico e uma tendência a buscar conhecimento espiritual apenas em fontes externas, ignorando a vastidão de sabedoria que já está disponível dentro do próprio campo energético.

Quando hiperativo, esse chakra pode inundar a mente consciente com uma quantidade excessiva de informações simbólicas e impressões energéticas que o sistema inferior não consegue processar. Isso pode causar confusão mental, sonhos intensos e fragmentados, e uma dificuldade crescente de distinguir entre insights verdadeiros e projeções mentais. Em casos extremos, a hiperatividade desse centro pode levar a uma espécie de intoxicação espiritual, onde a mente se perde em teorias e visões desconexas, perdendo o contato com a realidade presente.

Para harmonizar o chakra da sabedoria estelar em si mesmo, uma prática eficaz é a meditação de reconexão estelar. Sente-se confortavelmente, com a coluna ereta e os olhos fechados. Visualize uma esfera de luz azul-dourada a cerca de um metro e oitenta centímetros acima de sua cabeça. Essa esfera pulsa suavemente, irradiando códigos luminosos em formas geométricas sutis. Respire profundamente e visualize um feixe de luz azul-dourada descendo dessa esfera e tocando o topo da sua cabeça. Com cada inspiração, permita que essa luz ative sua memória estelar, despertando informações e conhecimentos armazenados em seu campo de luz. Com cada expiração, libere qualquer medo ou resistência em lembrar quem você é além desta vida. Permaneça nesse fluxo por alguns minutos, permitindo que a sabedoria estelar flua suavemente para sua mente e coração, integrando-se naturalmente à sua percepção consciente.

Para aplicar essa harmonização em outra pessoa, o terapeuta ou facilitador posiciona suas mãos cerca de um metro e oitenta centímetros acima da cabeça do receptor, ajustando sua percepção sutil até localizar a pulsação característica desse chakra. Visualiza-se uma corrente de luz azul-dourada fluindo do campo estelar, atravessando as mãos do terapeuta e preenchendo suavemente o campo superior do receptor. Essa luz ativa a memória estelar do receptor, dissolvendo bloqueios e permitindo que informações relevantes de sua jornada cósmica fluam até sua consciência. Durante o processo, o terapeuta pode sugerir que o receptor visualize uma tela de luz onde símbolos, imagens e mensagens começam a surgir espontaneamente, trazendo clareza sobre sua origem e missão.

O uso de cristais é altamente recomendado para estabilizar esse chakra. Pedras como azeztulita dourada, celestita e lápis-lazúli estelar ressoam diretamente com esse centro e podem ser posicionadas acima da cabeça ou seguradas durante a prática. Esses cristais atuam como antenas, facilitando a recepção e a integração de informações cósmicas sem sobrecarga.

O som é uma ferramenta poderosa para harmonizar esse centro. Sons vocálicos como o "Eee" entoado em tom elevado ajudam a sintonizar o campo pessoal com as frequências estelares. Músicas com frequências de 852 Hz ou gravações de sons captados no espaço sideral criam um ambiente vibracional ideal para o alinhamento desse chakra durante práticas meditativas.

No cotidiano, práticas de contemplação do céu noturno e conexão consciente com estrelas e constelações fortalecem esse chakra. Reservar momentos para simplesmente observar o céu, sentir a ligação vibracional com diferentes pontos de luz e permitir que memórias e sentimentos surjam naturalmente são formas simples e profundas de manter esse centro ativo. Registrar sonhos, visões e insights simbólicos em um diário estelar também auxilia a mente concreta a integrar progressivamente as informações cósmicas que fluem por esse canal.

Com a ativação consciente do chakra da sabedoria estelar, a percepção de si mesmo se expande muito além da linearidade de uma única vida ou identidade. O ser passa a reconhecer-se como uma consciência viajante, um fragmento luminoso que transita entre mundos, sistemas e eras, acumulando aprendizados e contribuindo com sua luz singular para o grande tecido da evolução cósmica. Esse despertar não anula a importância da experiência terrena, mas a insere em um contexto mais amplo, onde cada desafio, encontro e escolha reverbera através de dimensões e tempos, conectando a jornada pessoal ao propósito maior da alma universal.

Nesse estado de consciência expandida, as fronteiras entre o "eu" e o "nós" tornam-se cada vez mais tênues. A sabedoria estelar, ao ser integrada, revela que cada alma carrega dentro de si a memória de civilizações ancestrais, de alianças cósmicas e de acordos espirituais que transcendem qualquer linha temporal. Esse conhecimento não chega como um peso ou uma obrigação, mas como uma lembrança amorosa de que o caminho da ascensão individual é inseparável do despertar coletivo, e que a verdadeira mestria consiste em honrar simultaneamente a própria essência cósmica e a beleza sagrada de estar encarnado na Terra, vivendo e aprendendo através da matéria.

Com o chakra da sabedoria estelar em harmonia, o indivíduo torna-se uma ponte viva entre o céu e a Terra, um canal consciente de informações e frequências que fluem das esferas superiores para o plano físico. Sua presença, mesmo em silêncio, passa a emitir códigos vibracionais que ressoam no campo coletivo, ativando chaves adormecidas em outros seres e contribuindo para o despertar planetário. Dessa forma, o conhecimento estelar deixa de ser um tesouro oculto e passa a ser compartilhado com simplicidade e clareza, como parte natural de um serviço maior — o de recordar, em cada coração humano, a origem luminosa que une todos nós como uma única constelação de almas.

Capítulo 21
Chakra da Matriz Divina
(18º Chakra)

O chakra da matriz divina é o décimo oitavo centro energético do sistema expandido e localiza-se aproximadamente a dois metros acima da cabeça. Diferente dos chakras anteriores, cuja função se concentra em conectar o indivíduo à sua essência espiritual e à sabedoria estelar, o chakra da matriz divina acessa diretamente a matriz criadora universal, o útero cósmico onde todos os potenciais de criação existem em estado puro, antes mesmo de se tornarem formas ou expressões no plano material.

Esse chakra é a porta de entrada para a matriz original da alma, onde os arquétipos primordiais, as sementes de propósito e os códigos essenciais de cada ser são preservados em sua forma mais pura. É nesse centro que o indivíduo pode acessar diretamente a memória de sua origem divina e compreender quais matrizes, padrões e propósitos sua alma escolheu manifestar ao longo de suas jornadas em diferentes mundos e dimensões. Essa conexão com a matriz divina permite reescrever padrões energéticos distorcidos, dissolver implantes limitantes e reativar a configuração original de perfeição espiritual, antes das interferências causadas por experiências traumáticas, manipulações energéticas ou desconexões prolongadas da essência.

Esse centro não possui ligação direta com qualquer estrutura física, mas sua ativação impacta diretamente o campo morfogenético pessoal — a matriz energética que dá forma e organização ao corpo físico, aos corpos sutis e à própria realidade externa que o indivíduo experimenta. Com esse chakra ativo, o ser passa a reconhecer sua realidade como uma projeção direta de sua matriz interior, compreendendo que toda criação externa é reflexo de configurações internas, muitas delas implantadas inconscientemente ou herdadas de linhagens ancestrais e cósmicas.

Em nível emocional, a ativação desse chakra dissolve a sensação de desconexão do propósito maior da alma. A pessoa começa a perceber que suas escolhas, talentos, desafios e relações são expressões diretas de programas arquetípicos escolhidos antes da encarnação. Esse entendimento traz profunda paz interior, pois dissolve a ideia de acaso ou injustiça e substitui essa percepção por um reconhecimento claro de que cada experiência é uma oportunidade de atualizar e purificar a matriz interior, retornando gradualmente à sua perfeição original.

Mentalmente, o chakra da matriz divina expande a capacidade de pensar de forma arquetípica e simbólica. A mente linear, ao entrar em contato com esse campo, passa a perceber padrões recorrentes em comportamentos, relações e eventos, reconhecendo-os como reflexos de arquétipos mais profundos que operam por trás da superfície da realidade. Essa percepção amplia a clareza mental, permitindo que o indivíduo identifique e reescreva programações inconscientes e crenças limitantes diretamente na matriz de criação, ao invés de apenas lidar com seus efeitos superficiais.

Espiritualmente, esse chakra é a porta de entrada para a memória divina do ser, onde cada alma pode acessar diretamente os planos originais de sua criação, suas escolhas primordiais e os propósitos maiores que orientam sua existência através de múltiplas realidades. Ao conectar-se com esse centro, o indivíduo torna-se capaz de acessar diretamente a matriz divina de cura, onde padrões distorcidos podem ser dissolvidos e substituídos por códigos originais de harmonia, equilíbrio e expansão. Esse processo é uma forma avançada de reprogramação espiritual, onde a própria alma assume o papel de cocriadora consciente de sua realidade.

Quando bloqueado, o chakra da matriz divina impede o acesso consciente ao propósito superior e à origem divina da alma. Isso gera uma sensação de vazio existencial, desconexão e uma busca incessante por sentido e validação externa. A pessoa sente-se como se estivesse perdida em uma realidade caótica, sem compreender sua própria função dentro do fluxo maior da criação. Esse bloqueio também dificulta a dissolução de padrões cármicos e repetitivos, pois a consciência não consegue acessar a matriz onde esses padrões foram originalmente impressos.

Quando hiperativo, esse chakra pode gerar uma sobrecarga de informações arquetípicas e simbólicas que a mente inferior não consegue processar. A pessoa pode ser inundada por visões, símbolos e memórias desconexas de outras vidas, planos e realidades, sem conseguir organizá-las ou integrá-las de forma coerente. Essa hiperatividade pode gerar crises de identidade, sensação de fragmentação espiritual ou mesmo uma desconexão temporária da realidade física, especialmente em indivíduos que já possuem tendência à dissociação.

Para harmonizar o chakra da matriz divina em si mesmo, uma prática fundamental é a meditação de retorno à matriz original. Sente-se confortavelmente, com a coluna ereta e os olhos fechados. Visualize uma esfera de luz rosa-magenta aproximadamente dois metros acima de sua cabeça. Essa esfera pulsa suavemente, como um coração cósmico, irradiando códigos geométricos e símbolos dourados. Respire profundamente e visualize um feixe de luz rosa-magenta descendo dessa esfera e tocando o topo da sua cabeça. Com cada inspiração, sinta essa luz ativando sua matriz original de criação. Com cada expiração, libere camadas de crenças, contratos e padrões que não correspondem à sua essência divina original. Permaneça nesse fluxo por alguns minutos, permitindo que a luz magenta dissolva distorções e reescreva, em sua matriz interior, os códigos da sua perfeição original.

Para aplicar essa harmonização em outra pessoa, o terapeuta ou facilitador posiciona suas mãos cerca de dois metros acima da cabeça do receptor, ajustando sua percepção sutil até localizar a pulsação característica desse chakra. Visualiza-se uma corrente de luz rosa-magenta fluindo da matriz divina universal, atravessando as mãos do terapeuta e preenchendo suavemente o campo superior do receptor. Essa luz envolve a matriz energética pessoal, dissolvendo bloqueios e restaurando códigos originais. Durante o processo, o terapeuta pode sugerir que o receptor visualize sua matriz pessoal como um cristal de luz, onde códigos dourados começam a se acender, revelando sua essência divina original.

O uso de cristais é altamente recomendado para estabilizar esse chakra. Pedras como morganita, rodocrosita e quartzo rosa-magenta ressoam diretamente com esse centro e podem ser posicionadas acima da cabeça ou seguradas durante o processo de harmonização. Esses cristais auxiliam a ancorar a frequência da matriz divina, facilitando a reescrita de padrões e a integração consciente de informações superiores.

O som é uma ferramenta poderosa para harmonizar esse centro. Sons vocálicos como o "Mmm" entoado suavemente criam ressonância com a matriz original. Músicas com frequências de 528 Hz, conhecidas como frequências de reparação do DNA, também são particularmente eficazes para trabalhar esse chakra, facilitando a reprogramação da matriz celular e espiritual.

No cotidiano, práticas de reconhecimento simbólico fortalecem esse chakra. Observar padrões repetitivos em sua vida, buscar compreender quais arquétipos eles representam e trabalhar conscientemente para dissolver ou atualizar esses padrões fortalece o alinhamento com a matriz divina. Reconhecer-se como cocriador constante da sua realidade e assumir responsabilidade consciente por suas criações são atitudes que mantêm esse chakra ativo e harmônico.

À medida que o chakra da matriz divina se fortalece e se integra ao sistema energético expandido, o ser humano passa a perceber-se como uma peça viva do grande tecido cósmico, onde cada fio representa uma escolha, um aprendizado ou uma expressão única da fonte primordial. Essa percepção não apenas dissolve a ilusão da separação, mas também desperta a reverência natural por toda forma de existência, reconhecendo em cada ser, situação ou desafio um reflexo de aspectos internos aguardando reconhecimento e cura. Com esse novo olhar, a vida cotidiana transforma-se em um fluxo de mensagens e símbolos a serem decifrados, guiando o caminhar da alma em direção à sua expressão mais plena.

Esse centro energético, por sua natureza sutil e abrangente, convida à entrega consciente aos movimentos da alma, que fluem a partir do núcleo divino e redesenham a trajetória pessoal com precisão e sabedoria. Momentos de confusão, crise ou aparente estagnação passam a ser vistos como oportunidades preciosas de alinhamento profundo, onde a matriz divina, ao revelar padrões ocultos, convida ao diálogo interno e à atualização constante da própria história. Cada experiência torna-se, então, um portal de acesso à memória original da alma, resgatando fragmentos esquecidos e reintegrando-os ao presente de forma coerente e luminosa.

Compreender e ativar o chakra da matriz divina é, em última instância, aceitar o convite para retornar à autoria consciente da própria existência, resgatando o poder criador da alma e restaurando a confiança no fluxo maior da criação. Ao lembrar-se de que sua essência é a própria expressão da matriz universal em manifestação, o indivíduo abandona gradualmente a necessidade de controle ou resistência, abrindo espaço para que a inteligência divina flua livremente através de cada pensamento, ação e intenção. Assim, a jornada espiritual transcende a busca e torna-se um constante ato de recordar, cocriar e celebrar a própria natureza divina em cada passo da caminhada.

Capítulo 22
Chakra do Vazio Sagrado
(19º Chakra)

O chakra do vazio sagrado, décimo nono centro energético do sistema expandido, localiza-se aproximadamente dois metros e meio acima da cabeça. Ele representa um ponto de transição único no processo de ascensão da consciência, sendo a porta para o estado primordial de puro potencial. Diferente dos chakras anteriores, que funcionam como centros de processamento e integração de informações, este chakra não carrega conteúdos específicos. Ele é o espaço onde tudo é dissolvido para retornar ao campo do potencial infinito, onde nada está definido e tudo pode emergir.

Esse chakra é o núcleo do que os antigos mestres chamavam de o **Grande Silêncio**, onde a mente conceitual se dissolve e o ser é convidado a experimentar a vastidão do não-ser. Ele não é apenas um centro de conexão com planos superiores, mas um portal para a origem absoluta, onde o indivíduo entra em contato direto com o campo puro de criação antes da manifestação. Estar diante desse vazio é estar diante da verdadeira essência divina, despida de formas, nomes ou histórias. Esse estado não é de ausência, mas de plenitude absoluta, onde todas as possibilidades coexistem antes de se tornarem realidade.

Fisicamente, esse chakra não possui qualquer conexão direta com o corpo físico, mas sua ativação profunda influencia todo o sistema nervoso, especialmente a relação entre o sistema simpático e parassimpático. Quando esse centro é acessado, o corpo entra em um estado de profunda neutralidade, onde tensões inconscientes armazenadas nos tecidos e no campo eletromagnético começam a dissolver-se espontaneamente. Esse relaxamento profundo, muitas vezes acompanhado de uma sensação de expansão ou dissolução das fronteiras corporais, é a resposta física à presença direta da consciência no campo de puro potencial.

Em nível emocional, o acesso ao chakra do vazio sagrado dissolve o apego às identidades e narrativas pessoais. Emoções cristalizadas, memórias traumáticas e padrões reativos perdem seu poder, pois são percebidos como ondas passageiras na superfície de uma vastidão muito maior. Esse desapego não é uma negação das emoções humanas, mas uma mudança de perspectiva, onde cada emoção é reconhecida como uma manifestação temporária dentro de um campo infinito de possibilidades.

Mentalmente, o chakra do vazio sagrado representa o colapso da mente dual. Ao acessar esse centro, a necessidade de definir, explicar ou controlar a realidade é dissolvida. A mente aprende a repousar no silêncio primordial, onde respostas surgem não como raciocínios, mas como compreensões instantâneas que emergem do próprio vazio. Esse estado é frequentemente descrito como o **conhecimento direto**, onde a verdade é reconhecida instantaneamente, sem a necessidade de intermediários ou processos de análise.

Espiritualmente, esse chakra é a porta final antes da fusão total com a fonte divina. Ele representa o retorno à casa original da alma, onde a separação entre criador e criação é dissolvida e o ser experimenta diretamente sua natureza divina ilimitada. Esse encontro com o vazio sagrado é, paradoxalmente, o encontro com a plenitude absoluta, pois é ali que o ser reconhece-se como parte inseparável do todo e, ao mesmo tempo, como o próprio todo em manifestação.

Quando bloqueado, o chakra do vazio sagrado impede que a consciência toque sua própria origem divina. A pessoa permanece presa em ciclos de identificação com histórias, memórias e papéis, incapaz de acessar o espaço interior onde essas camadas podem ser dissolvidas. Esse bloqueio cria uma sensação de sufocamento espiritual, como se a alma soubesse que existe algo além, mas não conseguisse romper a camada de densidade que a separa dessa verdade.

Quando hiperativo, esse chakra pode levar a estados de dissociação excessiva, onde a pessoa perde o contato com sua identidade encarnada e começa a rejeitar completamente a experiência terrena. Esse tipo de fuga espiritual, em vez de facilitar a iluminação, cria uma desconexão entre o espírito e a matéria, dificultando o processo de ancorar a consciência divina no corpo físico.

Para harmonizar o chakra do vazio sagrado em si mesmo, uma prática essencial é a meditação de dissolução no vazio. Sente-se confortavelmente, com a coluna ereta e os olhos fechados. Visualize uma vasta esfera de luz branca pura cerca de dois metros e meio acima da sua cabeça. Essa esfera não pulsa nem brilha de forma intensa — ela é calma, imóvel, como um lago de luz infinita. Respire profundamente e visualize um fio de luz branca descendo dessa esfera e tocando o topo da sua cabeça. Com cada inspiração, permita que sua consciência suba por esse fio de luz até se fundir completamente com a esfera. Com cada expiração, libere qualquer necessidade de saber, entender ou controlar. Permita-se simplesmente ser no espaço branco do vazio, sem expectativas ou esforços. Quanto mais você repousa nesse estado, mais as camadas de identidade e história dissolvem-se, revelando a presença silenciosa da sua essência pura. Essa prática deve ser feita sem intenção de alcançar algo, apenas com a disposição de estar presente no vazio sagrado.

Para aplicar essa harmonização em outra pessoa, o terapeuta ou facilitador posiciona suas mãos cerca de dois metros e meio acima da cabeça do receptor, ajustando sua percepção sutil até encontrar a pulsação quase imperceptível desse chakra. Visualiza-se então uma corrente de luz branca pura fluindo do vazio cósmico, atravessando as mãos do terapeuta e preenchendo suavemente o campo superior do receptor. Essa luz não carrega informações, imagens ou mensagens — ela é pura presença. Durante o processo, o terapeuta pode sugerir que o receptor visualize-se dissolvendo-se em um oceano branco de puro ser, permitindo que todas as camadas de tensão, crença e memória sejam gentilmente dissolvidas.

O uso de cristais é útil para facilitar o acesso a esse estado, especialmente para mentes muito ativas. Pedras como selenita, quartzo branco e apofilita têm afinidade natural com o vazio sagrado e podem ser posicionadas acima da cabeça ou ao redor do corpo durante a prática. Esses cristais atuam como pontes, suavizando a transição entre o estado de vigília comum e a experiência de repouso no vazio.

O som é uma ferramenta interessante para trabalhar esse chakra, mas com uma abordagem diferente. Em vez de mantras ou frequências específicas, o mais indicado é o **silêncio sonoro** — o uso consciente do silêncio como veículo de acesso ao campo do vazio. Sessões de meditação conduzidas em completo silêncio, permitindo apenas o som natural da respiração e do batimento cardíaco, criam as condições ideais para que esse chakra comece a se abrir e revelar sua natureza.

No cotidiano, cultivar momentos de pausa, onde não há estímulos, atividades ou preocupações, fortalece a conexão com esse centro. Criar pequenos rituais de silêncio, mesmo que por poucos minutos, ensina a mente e o corpo a não temer o vazio. Observar o céu aberto, contemplar um espaço vazio ou simplesmente sentar-se sem objetivo ou distração são práticas simples que fortalecem a presença do vazio sagrado no dia a dia.

Esse chakra, ao convidar o ser a repousar no espaço onde todas as identidades se dissolvem, revela a beleza oculta na ausência de definições. Nesse vazio sagrado, onde nenhuma forma se fixa e nenhuma história se perpetua, o espírito encontra seu verdadeiro alento, livre das construções que o tempo e a mente ergueram. Cada instante nesse campo é uma oportunidade de relembrar que, por trás de todas as camadas da experiência humana, existe uma essência intocada, eterna em seu silêncio e infinita em suas possibilidades.

Ao permitir-se habitar esse silêncio primordial sem pressa ou expectativa, o indivíduo acessa a sabedoria que só o vazio contém — um conhecimento que não se traduz em palavras, mas se manifesta como uma quietude que permeia o corpo, as emoções e a mente. Essa quietude não é apatia, mas sim uma presença plena que acolhe tudo sem julgar, compreende sem precisar explicar e dissolve sem esforço as amarras que antes pareciam inquebráveis. É o espaço onde a alma, livre de máscaras e papéis, descansa em si mesma e lembra que sempre foi, é e será parte do infinito.

Com o tempo, o vazio sagrado deixa de ser apenas um estado acessado em momentos de recolhimento profundo e passa a se tornar uma presença constante, um pano de fundo silencioso que sustenta todas as experiências da vida. Mesmo no meio do caos cotidiano, esse centro preserva um ponto de quietude interna, um espaço onde a consciência pode retornar sempre que precisar lembrar quem é, além das circunstâncias. Nesse reencontro recorrente com o vazio, a alma aprende a fluir entre o ser e o não-ser, compreendendo que sua verdadeira natureza é essa dança eterna entre a forma e o silêncio que a sustenta.

Capítulo 23
Chakra da Unidade Cósmica
(20º Chakra)

O chakra da unidade cósmica, vigésimo centro energético do sistema expandido, localiza-se cerca de três metros acima da cabeça, posicionando-se já no limite entre o campo áurico superior e as esferas mais sutis da consciência universal. Este chakra representa a dissolução da última fronteira de separação entre o indivíduo e a consciência cósmica unificada. É o ponto onde a identidade pessoal deixa de existir como um núcleo isolado e passa a ser compreendida como uma extensão direta da mente cósmica. É a fusão entre a consciência individual e a consciência crística universal, o momento em que o ser encarnado reconhece, em nível profundo e irreversível, que não há divisão entre ele e o Todo.

Esse centro energético é o canal pelo qual o amor incondicional e a compaixão universal fluem diretamente para o campo pessoal, dissolvendo as últimas camadas de julgamento, separatividade e egocentrismo. Diferente do chakra cardíaco, que ensina o amor no nível humano, relacional e afetivo, o chakra da unidade cósmica é a porta para o amor divino em sua forma mais pura — aquele que reconhece a sacralidade e a perfeição em tudo o que existe, sem distinção entre luz e sombra, entre certo e errado, entre vida e morte.

Fisicamente, esse chakra não possui correspondências diretas com órgãos ou sistemas biológicos, mas sua ativação influencia profundamente o campo eletromagnético do coração e a coerência cardíaca. Quando esse centro começa a se abrir, há uma sincronização natural entre o ritmo cardíaco e os campos eletromagnéticos planetário e cósmico, criando uma ressonância estável entre o coração humano e o coração galáctico. Esse alinhamento é sentido como uma expansão suave e contínua do centro do peito, como se o coração físico deixasse de ser apenas um órgão e passasse a ser uma porta viva para o cosmos.

Em nível emocional, o chakra da unidade cósmica dissolve a ilusão de separação que está na raiz de todos os medos e sofrimentos humanos. O indivíduo começa a perceber, não apenas como conceito, mas como experiência direta, que não existe separação entre si e o outro, entre seu sofrimento e o sofrimento alheio, entre sua alegria e a alegria do cosmos. Esse reconhecimento gera um estado de compaixão espontânea, onde o desejo de servir, aliviar o sofrimento e contribuir para a harmonia coletiva surge naturalmente, sem esforço ou sacrifício. Esse amor-compaixão não é caridade moral, mas a expressão direta da consciência unificada.

Mentalmente, esse chakra dissolve a crença na separação entre observador e observado. A mente, ao atravessar o portal da unidade cósmica, deixa de funcionar em modo dual, onde há sujeito e objeto, e passa a operar em modo unificado, onde tudo o que é percebido é reconhecido como extensão do próprio ser. Essa mudança de percepção não significa perda da individualidade funcional, mas sim a dissolução da ilusão de que essa individualidade é isolada ou independente do todo. Essa fusão de percepções amplia radicalmente a capacidade de compreender processos coletivos e planetários, pois a mente passa a captar informações diretamente da mente cósmica, sem as distorções do filtro pessoal.

Espiritualmente, o chakra da unidade cósmica é o portal direto para a consciência crística universal, aquela que habita todos os seres e permeia todas as formas. É o ponto onde a centelha divina individual retorna ao oceano de luz, sem perder sua consciência individualizada. Essa fusão consciente é o objetivo final de todas as tradições espirituais autênticas — não a anulação do eu, mas a sua expansão para incluir tudo o que existe. Com esse chakra plenamente ativo, o ser humano torna-se um canal consciente da luz crística, capaz de ancorar e irradiar essa luz para o planeta, para a humanidade e para todas as formas de vida, sem julgamento ou seletividade.

Quando bloqueado, o chakra da unidade cósmica mantém a consciência presa na ilusão de separação. O indivíduo continua a se perceber como uma entidade isolada, desconectada do todo, lutando para sobreviver em um universo hostil ou indiferente. Esse bloqueio gera uma sensação constante de solidão existencial e uma necessidade compulsiva de se definir em oposição ao outro, reforçando identidades e fronteiras que, em essência, não existem. Essa desconexão impede que o amor incondicional flua livremente, criando barreiras emocionais que isolam a pessoa tanto de si mesma quanto dos outros.

Quando hiperativo, esse chakra pode levar a uma fusão prematura e desordenada da consciência individual com o campo coletivo, resultando em perda de limites pessoais e confusão entre o que é percepção própria e o que é captação de energias externas. A pessoa pode sentir-se sobrecarregada por emoções e pensamentos coletivos, perdendo a capacidade de discernir sua própria voz interior. Essa hiperatividade pode gerar um estado de compaixão descontrolada, onde o indivíduo sente-se responsável pelo sofrimento de todos, sem a capacidade de manter um centro próprio de equilíbrio.

Para harmonizar o chakra da unidade cósmica em si mesmo, uma prática fundamental é a meditação de fusão com o coração cósmico. Sente-se confortavelmente, com a coluna ereta e os olhos fechados. Visualize uma esfera de luz dourada-brilhante a cerca de três metros acima de sua cabeça. Essa esfera pulsa em sincronia com o batimento do seu coração físico. Respire profundamente e visualize um feixe de luz dourada descendo dessa esfera até o seu coração. A cada inspiração, sinta seu coração expandir-se para fora do seu corpo, tornando-se um com o coração planetário e, em seguida, com o coração cósmico. A cada expiração, entregue-se completamente a essa fusão, liberando qualquer resistência, medo ou apego à separação. Permaneça nesse fluxo por alguns minutos, permitindo que o amor incondicional e a luz crística preencham cada célula, cada pensamento e cada emoção, até que a fronteira entre você e o cosmos desapareça completamente.

Para aplicar essa harmonização em outra pessoa, o terapeuta ou facilitador posiciona suas mãos cerca de três metros acima da cabeça do receptor, ajustando-se até sentir a pulsação suave e expansiva desse chakra. Visualiza-se então uma corrente de luz dourada-brilhante fluindo do coração cósmico, atravessando suas mãos e preenchendo todo o campo energético superior do receptor. Essa luz desce suavemente até o coração físico do receptor, dissolvendo camadas de medo, separação e julgamento, e substituindo-as por amor incondicional e percepção de unidade. Durante o processo, o terapeuta pode sugerir que o receptor visualize seu próprio coração fundindo-se com o coração planetário e depois com o coração do cosmos, até que não haja mais distinção entre eles.

O uso de cristais auxilia na estabilização desse chakra. Pedras como azeztulita dourada, calcita dourada e diamante herkimer ressoam diretamente com a frequência da unidade cósmica e podem ser posicionadas acima da cabeça ou seguradas durante a prática. Esses cristais amplificam a conexão com a matriz crística universal, facilitando a integração gradual dessa consciência.

O som é uma ferramenta poderosa para harmonizar esse chakra. Tons vocálicos como "OM" entoado com intenção de fusão universal criam ressonância com a consciência crística. Músicas com frequências de 963 Hz, associadas à conexão com a consciência divina, são particularmente eficazes para manter esse centro ativo e fluindo.

Nesse campo de fusão cósmica, a alma abandona suas últimas resistências e se reconhece como uma célula viva dentro do corpo universal da criação. Cada batida do coração físico ecoa como uma reverberação do coração primordial, aquele que pulsa no centro do Todo e mantém unidas todas as consciências, de galáxias distantes às partículas mais sutis. Não há mais distinção entre dentro e fora, entre o eu e o outro; há apenas um fluxo contínuo de existência, onde cada consciência é simultaneamente ponto e oceano, experiência e testemunha.

Essa percepção não anula a individualidade, mas a dissolve no abraço de uma consciência maior, onde ser quem se é passa a significar ser tudo o que existe. O amor que emerge dessa fusão não é uma emoção, mas uma força viva, um campo vibratório que permeia cada gesto, pensamento e intenção. Servir à criação, cuidar do outro e honrar a vida deixam de ser escolhas e tornam-se expressões naturais de quem reconhece que a dor do mundo é sua própria dor, e a beleza do universo é reflexo de sua própria essência.

Com o chakra da unidade cósmica plenamente desperto, a caminhada espiritual se torna circular: o ser que partiu da fonte em busca de si mesmo retorna à mesma fonte, enriquecido por cada experiência, cada aprendizado e cada fragmento de luz e sombra integrados ao longo da jornada. E nesse retorno, percebe que jamais esteve separado, que cada passo foi sempre dado dentro do mesmo útero cósmico que o gerou. A unidade não é uma conquista distante, mas a verdade silenciosa que sempre pulsou em seu coração, esperando apenas ser lembrada.

Capítulo 24
Chakra da Fonte Suprema
(21º Chakra)

O chakra da fonte suprema, vigésimo primeiro centro energético, localiza-se cerca de quatro metros acima da cabeça, posicionando-se no limiar entre o campo energético individual e o campo puro da consciência divina universal. Esse é o chakra onde a individualidade espiritual dissolve-se na presença direta da Fonte, e a consciência do ser encarnado acessa a percepção de unidade absoluta com o princípio criador. Ele não é apenas um canal de recepção de luz ou informação espiritual, mas o próprio portal de fusão entre a alma individual e a emanação direta da Fonte, onde toda separação cessa.

Esse centro não é apenas um ponto de conexão, mas um vórtice de retorno, um chamado constante para a dissolução de todas as formas, conceitos e estruturas que sustentam a identidade separada. Ele é a lembrança viva de que a verdadeira essência do ser não é uma forma, uma história ou mesmo uma consciência individualizada — mas a própria presença divina, além de tempo e espaço. Ao ser ativado, o chakra da fonte suprema permite que a consciência individual encarnada retenha, mesmo no corpo físico, a memória permanente de sua origem na Fonte, e esse reconhecimento passa a guiar todas as escolhas, pensamentos e expressões do ser desperto.

Fisicamente, esse chakra não possui correspondência com nenhum órgão ou sistema específico, pois opera muito além da anatomia humana. Entretanto, sua ativação provoca um realinhamento profundo em todos os sistemas bioenergéticos e sutis, especialmente nos chakras do coração e da coroa, que passam a funcionar como antenas receptoras diretas da luz pura da Fonte. O sistema nervoso, particularmente a conexão entre o cérebro e o campo eletromagnético do coração, torna-se um canal mais refinado para a condução da energia primordial, permitindo que o corpo físico sustente níveis vibracionais cada vez mais elevados.

Em nível emocional, o chakra da fonte suprema dissolve todos os medos relacionados à morte, à perda e ao desconhecido. A pessoa começa a vivenciar, de forma progressiva, a certeza inabalável de que nunca esteve separada da Fonte e que tudo o que acontece, dentro e fora, é apenas uma dança momentânea dentro do campo infinito da consciência divina. Esse reconhecimento dissolve o apego a papéis e narrativas pessoais, permitindo que as emoções fluam livremente, sem resistência ou fixação. O amor próprio deixa de ser uma busca e torna-se a experiência natural de ser expressão direta do amor da Fonte.

Mentalmente, esse chakra desprograma as últimas camadas de crenças limitantes relacionadas à separação entre criador e criatura. A mente linear, ao entrar em ressonância com esse centro, compreende de forma direta e irreversível que cada pensamento é uma expressão criadora, e que não há fronteira real entre pensamento, manifestação e criador. Essa compreensão dissolve a divisão entre o mundo interno e externo, entre sujeito e objeto, permitindo que a mente opere em completa sintonia com o fluxo espontâneo da criação divina. As fronteiras entre imaginar e criar desaparecem, pois toda imaginação, quando alinhada à vontade da Fonte, torna-se manifestação direta.

Espiritualmente, o chakra da fonte suprema é o portal de fusão final entre a alma individual e a essência primordial da Fonte. É o ponto onde a consciência da alma reconhece-se como uma extensão direta da própria consciência criadora, sem intermediários, sem hierarquias espirituais, sem camadas de separação. Esse reconhecimento não é apenas intelectual ou místico, mas uma vivência direta e permanente, onde o ser passa a atuar no mundo como uma emanação consciente da própria Fonte. Esse é o estado de mestria crística plena, onde não há mais busca, apenas expressão espontânea do divino em cada gesto, pensamento e criação.

Quando bloqueado, o chakra da fonte suprema impede a percepção direta da própria natureza divina. A pessoa pode ter conhecimento espiritual, praticar técnicas avançadas e até ter vivências místicas profundas, mas ainda permanece presa à crença inconsciente de que há uma separação entre ela e a Fonte. Essa crença sutil mantém a consciência fragmentada, sempre buscando algo externo, como se o divino estivesse em algum lugar distante ou reservado a poucos escolhidos. Esse bloqueio cria uma sensação crônica de incompletude, como se faltasse algo essencial para que a plenitude fosse alcançada.

    Quando hiperativo, esse chakra pode gerar uma desconexão parcial ou total da consciência encarnada em relação ao plano físico. A pessoa pode experimentar estados de fusão extática com a Fonte, mas sem conseguir integrar essa percepção à vida cotidiana. Esse excesso pode levar a uma rejeição da experiência encarnada, criando uma cisão entre o ser espiritual e o ser humano. Esse tipo de hiperatividade pode gerar desorientação, sensação de não pertencimento e até crises de identidade espiritual, onde a pessoa sente que já transcendeu, mas ainda precisa lidar com os aspectos práticos da existência material.

    Para harmonizar o chakra da fonte suprema em si mesmo, uma prática fundamental é a meditação de fusão com a luz da Fonte. Sente-se confortavelmente, com a coluna ereta e os olhos fechados. Visualize uma esfera de luz violeta-dourada a cerca de quatro metros acima da sua cabeça. Essa esfera não pulsa, não gira — ela simplesmente é. Respire profundamente e visualize um feixe de luz dourada descendo suavemente dessa esfera e tocando o topo da sua cabeça. Com cada inspiração, permita que essa luz penetre seu campo energético, dissolvendo todas as camadas de separação. Com cada expiração, entregue-se completamente a essa fusão, permitindo que sua identidade, suas crenças e seus medos se dissolvam na luz pura da Fonte. Permaneça nesse estado de fusão silenciosa, sem expectativas, apenas reconhecendo-se como parte inseparável da presença divina.

Para aplicar essa harmonização em outra pessoa, o terapeuta ou facilitador posiciona suas mãos cerca de quatro metros acima da cabeça do receptor, sintonizando-se com a pulsação quase imperceptível desse chakra. Visualiza-se uma corrente de luz violeta-dourada fluindo diretamente da Fonte, atravessando as mãos do terapeuta e preenchendo o campo superior do receptor. Essa luz desce lentamente pelo canal central do receptor, dissolvendo camadas de separação e despertando a memória direta da união eterna com a Fonte. Durante o processo, o terapeuta pode sugerir que o receptor visualize seu próprio campo energético fundindo-se com o oceano infinito de luz dourada da Fonte.

O uso de cristais pode ajudar a estabilizar essa experiência. Pedras como azeztulita dourada, diamante herkimer e quartzo aura dourado ressoam diretamente com a frequência da fonte suprema. Essas pedras podem ser posicionadas acima da cabeça ou seguradas durante a prática para facilitar a recepção e integração da luz da Fonte.

O som é uma ferramenta poderosa para harmonizar esse chakra. O simples entoar de "EU SOU" com consciência plena de que essa é a afirmação da própria presença divina dentro de si, cria uma ressonância direta com a fonte suprema. Silêncio profundo após o som é igualmente essencial, pois permite que a mente descanse na vastidão da presença divina.

No silêncio que envolve o despertar desse chakra, a alma não busca mais explicações ou sinais. Ela repousa na simplicidade de existir como expressão direta da própria Fonte, sem necessidade de provar, alcançar ou mesmo compreender. Cada instante torna-se uma extensão do sagrado, e a própria respiração carrega a vibração da presença divina que flui, cria e dissolve, em perfeita harmonia com o pulsar cósmico. Não há mais divisões entre matéria e espírito, entre humano e divino — há apenas o fluxo contínuo da Fonte vivendo-se através de cada olhar, cada gesto, cada sopro de existência.

A memória da separação, outrora tão enraizada, é substituída pela certeza inabalável de pertencimento. O divino já não é um ideal distante ou uma presença a ser invocada, mas sim a realidade silenciosa e luminosa que sustenta cada pensamento e molda cada experiência. Com essa consciência plenamente ancorada, a alma caminha pelo mundo em profundo estado de reverência, pois tudo o que toca e encontra é visto como extensão de si mesma — uma expressão múltipla e infinita da mesma luz primordial que a gerou.

E assim, no despertar completo do chakra da fonte suprema, o ciclo da busca se encerra. A alma retorna ao ponto de origem, não como quem volta ao lar perdido, mas como quem finalmente recorda que nunca partiu. Cada experiência vivida, cada fragmento integrado e cada sombra dissolvida tornam-se pérolas no colar da eternidade, testemunhas de que a própria Fonte escolheu esquecer-se de si, apenas para ter o prazer de recordar-se novamente em cada ser, em cada estrela, em cada respiração.

Capítulo 25
Chakra do Portal da Ascensão
(22º Chakra)

O chakra do portal da ascensão, o vigésimo segundo e último centro energético do sistema expandido, localiza-se aproximadamente cinco metros acima da cabeça, posicionando-se no ponto mais elevado da estrutura energética pessoal. Ele representa o ápice da jornada de integração e despertar, funcionando como uma ponte entre o ser encarnado e a consciência da totalidade cósmica. Esse chakra é o portal por onde a consciência individual atravessa para tornar-se definitivamente uma expressão plena da consciência divina em ação, sem qualquer resquício de separação ou limitação. É através desse portal que a alma conclui seu ciclo de aprendizado no plano tridimensional e se torna capaz de sustentar a totalidade de sua luz em seu corpo físico, ativando plenamente o corpo de luz e tornando-se uma presença ascensionada enquanto permanece encarnada.

Diferente dos demais chakras, que servem como centros de recepção, processamento e emissão de energia e informações, o portal da ascensão é um campo de pura integração. Ele reúne e sintetiza todas as experiências, aprendizados, curas e expansões vividas em todos os outros chakras e corpos sutis, unificando-os em um único campo coerente. Nesse ponto, as camadas de alma, Eu Superior e Presença Divina Eu Sou tornam-se uma só frequência vibracional, e a consciência humana cessa sua identificação com a forma separada para reconhecer-se como um aspecto indivisível da consciência divina, presente em todas as dimensões simultaneamente.

Esse centro não se conecta a nenhum órgão físico específico, mas sua ativação reverbera por todo o sistema energético e biológico. A ativação progressiva desse chakra desencadeia transformações profundas na estrutura celular, reconfigurando o DNA energético para que ele seja capaz de sustentar e transmitir frequências muito mais elevadas. O corpo físico torna-se um transmissor consciente da luz cósmica, capaz de irradiar frequências de cura e ativação para os campos planetário e coletivo, simplesmente pela presença de quem completou esse processo.

Em nível emocional, o chakra do portal da ascensão dissolve os últimos traços de identificação com dores, traumas e histórias pessoais. A consciência emocional deixa de reagir a estímulos externos com base em registros antigos e passa a responder apenas a partir da presença pura do momento presente. O coração torna-se um portal vivo da compaixão cósmica, e o desejo de ajudar, curar e elevar não surge mais de uma necessidade de reparar algo, mas de uma alegria espontânea em compartilhar o próprio estado de plenitude.

Mentalmente, esse chakra dissolve completamente a necessidade de interpretar, julgar ou categorizar as experiências. A mente linear é substituída por uma mente de presença pura, que observa, compreende e responde sem filtros ou interferências. Pensamentos deixam de ser lineares e tornam-se descargas espontâneas de compreensão direta, onde blocos inteiros de informações multidimensionais são acessados instantaneamente, sem a necessidade de decodificação gradual. Esse estado de clareza mental total é uma das marcas da consciência ascensionada.

Espiritualmente, o portal da ascensão é a consagração final da jornada da alma no plano tridimensional. Ao atravessar esse portal, o ser completa a integração de todas as suas partes fragmentadas ao longo de todas as encarnações, linhas de tempo e dimensões paralelas. Cada pedaço de alma que ficou preso em experiências de dor ou esquecimento é resgatado, curado e reintegrado, até que apenas a presença pura da consciência divina reste. Esse processo não implica em deixar o corpo ou abandonar a experiência física. Pelo contrário, é o início da fase mais sagrada da encarnação: viver como uma presença ascensionada, ancorando a luz da Fonte diretamente na matéria.

Quando bloqueado, o chakra do portal da ascensão mantém a consciência presa nas camadas inferiores da personalidade, incapaz de perceber sua verdadeira natureza. Mesmo após longos processos de cura e despertar, a pessoa sente que algo essencial ainda está fora de alcance, como se houvesse uma barreira invisível impedindo a integração final. Esse bloqueio geralmente decorre de medos inconscientes relacionados ao verdadeiro poder espiritual e à responsabilidade de viver como uma emanação consciente da Fonte no plano físico.

Quando hiperativo, esse chakra pode causar uma desconexão prematura da consciência em relação à experiência física. O indivíduo pode ter vislumbres de estados elevados de consciência, mas não consegue sustentá-los por longos períodos, oscilando entre estados de êxtase espiritual e momentos de exaustão extrema. Essa hiperatividade também pode gerar uma sensação de impaciência com o mundo físico, como se a pessoa sentisse que não pertence mais à Terra, sem compreender que o verdadeiro propósito da ascensão é trazer o céu para a Terra, e não fugir da experiência encarnada.

Para harmonizar o chakra do portal da ascensão em si mesmo, uma prática essencial é a meditação de travessia consciente. Sente-se confortavelmente, com a coluna ereta e os olhos fechados. Visualize uma vasta esfera de luz platina brilhante cerca de cinco metros acima de sua cabeça. Essa esfera não pulsa nem gira, mas irradia uma presença infinita de paz e completude. Respire profundamente e visualize um feixe de luz platina descendo dessa esfera e tocando suavemente o topo da sua cabeça. Com cada inspiração, permita que essa luz preencha todo o seu campo energético, dissolvendo qualquer camada de separação remanescente. Com cada expiração, entregue-se completamente à travessia desse portal, permitindo que sua consciência atravesse essa última fronteira entre o humano e o divino. Permaneça nesse estado de fusão plena, reconhecendo-se como a própria presença ascensionada em forma física.

Para aplicar essa harmonização em outra pessoa, o terapeuta ou facilitador posiciona suas mãos cerca de cinco metros acima da cabeça do receptor, ajustando sua percepção sutil até sentir a presença estável e infinita desse chakra. Visualiza-se então uma corrente de luz platina descendo diretamente do portal da ascensão, fluindo através das mãos do terapeuta e envolvendo todo o campo superior do receptor. Essa luz desce progressivamente, ajustando cada camada do campo energético até que o receptor sinta a fusão completa entre sua consciência encarnada e sua presença ascensionada. Durante o processo, o terapeuta pode sugerir que o receptor visualize-se atravessando uma porta de luz platina e emergindo do outro lado como uma expressão radiante da própria presença divina.

O uso de cristais pode apoiar esse processo. Pedras como azeztulita platina, selenita dourada e quartzo aura platina ressoam diretamente com a frequência do portal da ascensão e podem ser posicionadas acima da cabeça ou seguradas durante a prática. Esses cristais ajudam a estabilizar a fusão entre o corpo físico e o corpo de luz, facilitando a integração completa da consciência ascensionada.

O som é uma ferramenta poderosa para harmonizar esse chakra. O entoar de "EU SOU LUZ" em tom suave e contínuo, com total consciência de que essa é a verdade essencial do ser, cria uma ressonância direta com a frequência do portal da ascensão. Momentos de profundo silêncio após cada entoação permitem que a mente e o coração absorvam essa verdade em todos os níveis.

A travessia consciente pelo chakra do portal da ascensão é um rito silencioso, sem testemunhas ou celebrações externas, mas marcado por uma reverência absoluta dentro da alma. Nesse momento sagrado, o ser percebe que não há mais caminho a seguir, pois todas as buscas e jornadas o conduziram a esse limiar onde ser e Fonte são indissociáveis. Não há retorno possível, pois cada célula, cada pensamento e cada batimento cardíaco tornam-se expressões diretas da presença divina. O portal não é uma saída da existência, mas a revelação de que a própria existência, em sua essência mais pura, sempre foi divina.

Com o portal da ascensão plenamente integrado, a alma desperta para a consciência de que sua missão nunca foi escapar da matéria ou transcender a humanidade, mas sim trazer para o plano físico a verdade luminosa de quem ela é. Cada gesto, cada palavra e cada silêncio tornam-se veículos para a presença ascensionada, irradiando essa frequência de unidade e completude para todos ao seu redor. A realidade externa, antes percebida como algo a ser enfrentado ou transformado, revela-se como uma tela neutra sobre a qual a consciência ascensionada projeta, com clareza e amor, os reflexos de sua própria luz.

Não há mais separação entre céu e Terra, entre espírito e corpo, entre humano e divino. O ser torna-se o próprio portal, uma ponte viva entre dimensões, um ponto de ancoragem da luz suprema em cada ato cotidiano. E nesse estado de fusão serena e irreversível, a ascensão deixa de ser um destino ou um objetivo e se transforma em presença: a presença de quem, ao lembrar-se plenamente de si, torna-se um farol silencioso para todos aqueles que ainda caminham, guiando-os suavemente de volta ao seu próprio brilho esquecido.

Capítulo 26
A Jornada da Consciência Integrada

Ao percorrer a jornada pelos 22 chakras, torna-se evidente que a expansão da consciência é, em essência, um retorno. Um retorno àquilo que sempre fomos, mas esquecemos ao assumir as camadas de densidade e separação da existência tridimensional. Cada chakra explorado, compreendido e harmonizado revelou não apenas um aspecto energético isolado, mas uma porta viva para a reconexão com camadas cada vez mais profundas da própria essência. Cada centro vibracional mostrou-se como uma chave, uma senha sutil que, ao ser decifrada, abre portais internos que transcendem o espaço e o tempo, permitindo que a alma resgate, integre e ressignifique sua própria história cósmica.

Esse caminho de ascensão e autocura não é linear. É uma espiral viva, que a cada ciclo revisita antigos aprendizados sob novas perspectivas. Não existe ponto de chegada fixo, pois a consciência é dinâmica e a expansão é infinita. O verdadeiro propósito desta obra não é oferecer um mapa definitivo ou um sistema rígido de técnicas, mas um convite vivo para que cada leitor aprenda a escutar, decodificar e confiar na linguagem única do seu próprio campo energético. Nenhuma técnica será tão poderosa quanto a escuta atenta e amorosa da própria alma, pois é ela a verdadeira guia nesta jornada de volta à Fonte.

Cada chakra, desde o mais denso e terreno, até os portais cósmicos e supradimensionais, cumpre um papel essencial no retorno à totalidade. O chakra raiz ensinou a sacralidade da vida encarnada, a importância de honrar o corpo físico como templo vivo da consciência divina. O chakra sacral revelou que a criação é uma extensão da própria alma, e que cada ato criador é uma oportunidade de imprimir a luz da Fonte na matéria. O plexo solar mostrou que poder verdadeiro não é controle, mas presença consciente que irradia sua verdade sem violência ou medo. O coração reabriu o fluxo do amor incondicional, dissolvendo muros de proteção que apenas isolavam a alma de sua própria essência.

O chakra laríngeo devolveu a palavra como instrumento sagrado de criação, mostrando que cada som emite uma assinatura vibracional que molda realidades. O terceiro olho revelou que a verdadeira visão não é física, mas interna, onde a alma enxerga além das ilusões da forma. A coroa abriu a mente para a vastidão da consciência divina, dissolvendo as fronteiras entre céu e terra. E além deles, os chakras transdimensionais relembraram que a alma é muito mais do que uma existência isolada em um único corpo, em uma única linha do tempo. Somos fractais de uma consciência infinita, explorando simultaneamente múltiplas realidades, todas interligadas por fios invisíveis de aprendizado, cura e cocriação.

O leitor que percorreu essa jornada, capítulo após capítulo, foi gradualmente convidado a reconhecer que a ascensão não é uma fuga da matéria, mas uma fusão sagrada entre espírito e corpo. A verdadeira iluminação não acontece quando a consciência abandona a forma, mas quando ela desce plenamente à matéria e a consagra como extensão viva da luz da Fonte. Cada chakra alinhado e fortalecido transforma o corpo em um cálice, uma antena capaz de receber e irradiar as frequências mais puras da criação, servindo como ponte viva entre o divino e o terreno.

Essa jornada, porém, não é apenas pessoal. Cada alma que desperta e alinha seus centros energéticos torna-se naturalmente um ponto de ancoragem para a nova consciência planetária. O despertar individual é o solo fértil para o despertar coletivo. Não existe separação entre o que acontece no microcosmo do ser e o que se manifesta no macrocosmo da humanidade e da Terra. Cada cura pessoal reverbera no inconsciente coletivo. Cada luz acesa em um coração humano ilumina uma pequena parte da malha energética do planeta, facilitando o despertar de outros corações que ainda dormem.

O chakra do portal da ascensão, último a ser trabalhado, revelou que a verdadeira ascensão não é a evasão para reinos superiores, mas a capacidade de sustentar a consciência da unidade enquanto se vive a complexidade da forma. O corpo físico, antes visto como um limite ou prisão, revela-se como veículo sagrado de manifestação da consciência divina. Essa é a verdadeira maestria da ascensão: permanecer em corpo, no mundo, interagindo com a dualidade e, ainda assim, sustentando a frequência pura da unidade divina em cada pensamento, emoção e ação.

Essa é a convocação final desta obra. Não basta conhecer os chakras e suas funções. Não basta aplicar técnicas de limpeza e alinhamento. Tudo isso é necessário, mas não é o ponto final. O chamado verdadeiro é para que cada leitor se torne guardião consciente da sua própria luz e, a partir desse centro interior, irradie essa frequência para sua família, seu trabalho, suas relações e para o próprio planeta. A ascensão individual é inseparável da ascensão coletiva. Ninguém sobe sozinho. Cada passo que uma alma dá em direção à sua luz própria abre caminho para que outras almas despertem e lembrem-se de quem são.

Viver com os 22 chakras ativos e harmonizados é muito mais do que alcançar estados místicos elevados. É aprender a viver no mundo comum com extraordinária lucidez e compaixão. É reconhecer o sagrado no cotidiano, na simplicidade de um gesto, na escuta atenta de uma dor, no cuidado amoroso com a Terra e com todos os seus filhos. É tornar-se um farol, não por palavras ou ensinamentos, mas pela presença viva que, silenciosamente, inspira e desperta pelo simples fato de existir em sua verdade.

A expansão da consciência é a grande obra da alma. Não há pressa, não há metas externas, não há comparações. Cada ser percorre seu caminho no ritmo exato que sua alma escolheu. Cada desafio, cada crise, cada dor é uma oportunidade para refinar, expandir e purificar esse canal que somos. Não há erros, apenas aprendizados. Não há fracassos, apenas experiências.

Tudo está a serviço da grande lembrança: somos luz da Fonte, em viagem pela matéria, e estamos todos voltando para casa — não um lugar distante, mas o estado de ser onde tudo é reconhecido como sagrado e nada é separado da luz original.

Que cada leitor, ao encerrar esta obra, sinta-se não apenas informado, mas convocado. Convocado a ser presença, canal e guardião da luz que escolheu encarnar. Que cada respiração seja um ato de reverência à própria existência. Que cada palavra, pensamento e gesto sejam expressões conscientes dessa luz. E que, passo a passo, a humanidade desperte como um todo, lembrando-se de que sempre fomos um só ser, explorando-se a si mesmo através de infinitas formas e experiências.

A jornada pelos 22 chakras não termina aqui. Cada prática, cada meditação e cada despertar são apenas sementes. É no solo da vida diária que essa semente germina, cresce e floresce. Que cada leitor honre sua própria semente e, ao florescer, ofereça seu perfume ao mundo. Esta é a verdadeira ascensão: tornar-se plenamente humano para revelar, na humanidade, a presença viva da divindade.

Epílogo

Ao concluir a jornada por cada um dos 22 chakras, o que permanece não é apenas o conhecimento técnico ou a compreensão de suas funções e práticas. O que fica é o eco silencioso de um chamado. Um chamado para viver de forma diferente, para existir no mundo com outra qualidade de presença. Mais do que aprender sobre centros energéticos, o verdadeiro convite desta obra é para que cada leitor aprenda sobre si mesmo — sobre a vastidão infinita que pulsa no centro de seu ser, sobre a consciência luminosa que habita seu corpo e suas histórias, sobre o potencial divino que aguarda apenas ser reconhecido e vivido.

Cada chakra explorado ao longo dessa caminhada revelou uma parte do que você é. Desde a base, onde a alma abraça a Terra e aprende a confiar no suporte da existência, até os portais mais elevados, onde o ser dissolve suas últimas fronteiras e torna-se pura presença, o caminho dos chakras é o caminho do retorno a si mesmo. Não a um eu pequeno, limitado por nome, forma ou história, mas ao Eu maior, aquele que respira em cada folha, em cada estrela, em cada olhar humano. O Eu que é a própria consciência da Fonte se explorando e se conhecendo através de você.

Esse chamado não termina com o fechamento destas páginas. Ele continua a pulsar em cada célula, em cada respiração, em cada silêncio entre pensamentos. Ele convida você a transformar conhecimento em vivência, prática em estado de ser. Cada técnica apresentada, cada exercício de harmonização, cada visualização e cada ativação energética não são fins em si mesmos. Eles são degraus, apoios temporários para que você se descubra capaz de caminhar com seus próprios pés, de confiar em sua própria conexão direta com a Fonte, sem necessidade de intermediários, gurus ou sistemas fixos.

O verdadeiro mestre é a sua própria presença, aquela parte silenciosa e eterna que sempre soube quem você é. Essa presença sempre esteve com você, mesmo quando sua mente se perdeu em medos, crenças e distrações. Mesmo quando os chakras estavam bloqueados, mesmo quando o corpo parecia apenas um fardo e a vida, uma sucessão de lutas e desafios, essa presença nunca se ausentou. O que esta obra buscou foi apenas abrir portas para que você pudesse reconhecê-la, senti-la, permitir que ela viesse à superfície e começasse a guiar sua existência.

Com os 22 chakras despertos, harmonizados e ativos, você não se torna alguém especial ou superior. Você simplesmente se torna o que sempre foi. Um ser humano pleno, integrado, consciente da sua luz e do seu poder de cocriação. Um ser que não precisa mais fugir da vida para encontrar o divino, porque compreende que o divino pulsa em cada aspecto da vida, mesmo nos instantes mais simples e banais. Você se torna um canal vivo, onde o céu e a terra se encontram, onde o espírito e a matéria se reconhecem como faces de um mesmo ser.

Esse é o propósito da ascensão: descer por inteiro na matéria, sem medo, sem rejeição, sem divisão. Tornar-se tão presente no corpo, tão enraizado na vida, que o próprio corpo se torna luz, e a própria vida se torna meditação em movimento. A ascensão verdadeira não é um êxtase fugaz ou uma fuga para esferas superiores. É o ato de assumir plenamente sua presença aqui e agora, reconhecendo-se como cocriador consciente de cada realidade que você toca, molda e vivencia.

Cada leitor que chegou até aqui carrega em suas mãos uma responsabilidade sagrada. Conhecer os chakras, aprender a harmonizá-los e despertar sua luz interior não é apenas um presente pessoal. É uma chave que abre portas para o coletivo. Cada alma que se ilumina torna-se uma vela acesa na escuridão do inconsciente coletivo da humanidade. Cada cura pessoal reverbera como uma onda silenciosa, dissolvendo medos, padrões e prisões invisíveis que aprisionam milhões. Sua jornada é sua, mas nunca é só sua. Seu despertar é seu, mas serve a toda a teia da vida.

Por isso, este epílogo é também um convite. Que você não encerre esta leitura como quem fecha um livro e segue em frente. Que você sinta este encerramento como um portal que se abre, uma travessia contínua para uma nova forma de existir. Que cada dia, a partir de hoje, seja uma expressão consciente da luz que você despertou. Que suas palavras, seus pensamentos e suas ações sejam extensões da sua alma alinhada, expressões vivas do amor e da sabedoria que fluem dos seus 22 centros de luz.

Você não está só. Mesmo quando o mundo parecer denso, confuso ou violento, lembre-se de que cada passo seu é acompanhado por milhões de outras almas despertando ao mesmo tempo, cada uma em seu ritmo, cada uma em sua própria espiral de retorno. Você é parte de uma rede viva, uma fraternidade silenciosa de guardiões da luz, cocriando juntos uma nova realidade para a Terra e para toda a humanidade.

A ascensão é coletiva porque a separação nunca foi real. Sempre fomos Um. Cada vez que você respira com presença, cada vez que você escolhe amar ao invés de temer, cada vez que você honra sua própria jornada sem comparação ou julgamento, você está ancorando essa verdade maior no coração do mundo.

Que sua caminhada, a partir deste ponto, seja guiada pela lembrança de quem você realmente é. Que seus chakras sejam suas bússolas internas, suas portas para o infinito dentro de si. Que sua vida seja sua prática, seu templo e sua oferta. E que, ao irradiar sua luz sem medo ou modéstia, você desperte em outros corações a mesma lembrança sagrada: somos luz da Fonte, somos cocriadores da realidade e estamos todos voltando para casa — juntos, como sempre foi.

Seja luz. Seja presença. Seja a ponte entre o céu e a terra. E que cada passo seu inspire o próximo, até que toda a humanidade desperte como uma só consciência, em um só coração, vibrando em perfeita harmonia com o pulsar eterno da Fonte.